歴史が暗転するとき

戦争という魔性

保阪正康

日刊現代／講談社

はじめに

私たちが生存しているこの時代は、人類史の上ではどういう時代なのだろうか。私たちの一生はわずか100年足らずである。むろん100年と言えるようになったのは、この何年かの生活環境が整備されてきて、私たちの肉体上の健康維持期間が長引いたということもあろう。あるいは栄養状態が改善されて、生命体の細胞が強くなったことも挙げられるのかもしれない。しかし100年近く生きる人間の思考能力や判断、さらには言語能力などがそれに比例する形で健康ならば、それは極めて喜ばしい長寿の姿である。

だが現実には、老いはしばしば知的に停止現象を起こしてしまう。肉体と精神が一体化しての「100年」はまだしばらく先のことなのだろう。

なぜそういう発想をするか、と言えば、来年（2025年）は「昭和100年」にあたる。そして歴史を丹念に検証していくならば、私たちはすぐに次のような理由をもとに史実が作り出されていることを知るからである。箇条書きにしてみよう。

① 支配と被支配の関係
② 宗教間の憎悪と抹殺

③民族間の衝突と排斥
④富の占有をめぐる対立
⑤思想の優位性を競う闘争

概ねこういう図式のもとで対立抗争が繰り広げられる。小は個人と個人、あるいは小集団と小集団の対立から大は国家間の対立まで、全てがこの５つの理由に端を発すると言っていいであろう。そしてその戦いは口論、殴り合いから武器を持っての戦いにと変化していく。いわば戦争になるわけだが、この構図をもとに日本近代史を考えたいと意図して、書き進めたのが本書である。

厳密に言えば『日刊ゲンダイ』に連載を続けさせてもらっている。本書に収めたのはその一部ということになるのだが、約１００年前に始まった昭和の中で、激動の前期にあった太平洋戦争の開始、戦時下の様相、そして敗戦、その流れをさまざまなエピソードで書いてみた。

日本とアメリカの関係を冷静にみていくと、この戦争は前述の５つの理由の中で、②の宗教間の憎悪と抹殺を図ろうとする考えを除いて、４つの理由が見えてくるように思う。このことをまずは汲《く》み取ってほしい。

本書で明かした史実の裏側は、つまりは歴史的な対立抗争に基づく理由が存在するということでもある。太平洋戦争の理由にしても、同時代の視点では、日中戦争の支援をめぐって日本が、対アメリカ、イギリスへの苛立ちから戦争を選択したわけだが、もっとその内実を探っていくと、④の富の占有をめぐる対立や⑤の思想の優位性を誇示するための闘争であったことがうかがえる。

特にアメリカ側は、民主主義体制がいかに全体主義的体制よりも優れているか、そのことを歴史的に証明することが戦争目的の1つであったと言ってよいであろう。アメリカのルーズベルト大統領は、日本が真珠湾攻撃に踏み切った後に、あえて国民に向けて談話を発表しているのだが、その中には、これからの歴史を考えて、今回の戦争を機に日本とドイツのファシズム国家を徹底的に叩く、同時に二度とこれらの国が我が国に戦争を挑んでくるような気持ちにさせないために、その政治体制の崩壊にまで戦争を続ける。戦争の途中での講和はあり得ない、とまで演説していたのである。

戦争終結後の日本の状態は、この通りになっている。本書はそういう歴史の裏側を見つめる意図も持って書いたと理解していただければと思う。

また、裏側を凝視すれば、本書のタイトルになっている「戦争という魔性」、つまりは不気味な人間模様が浮かび上がって可視化されるとも考えるのである。

さらに本書について、もう一点説明しておきたい。

昭和史、特に太平洋戦争の裏側を中心に記述した書だとはいえ、第4章には明治期の平民新聞の内容について、書いている。一見すると奇異に見えるかもしれない。しかしこの章を、あえて立てたのには相応の理由もある。私は近代日本史の思想弾圧の典型的な例は、明治44（1911）年の大逆事件だと思っている。無政府主義者の幸徳秋水ら12人が全くの冤罪（2、3人は確かに天皇への爆弾投下を考えた節はあるが）の者を含めて死刑になっている。この事件について、私は特に深くこの書で記述するつもりはない。ただ幸徳秋水が、日露戦争の非戦論を全面的に展開する新聞として、『平民新聞』を刊行したのだが、この新聞を読んで当時の世相や社会の実相を確認することで、日本の反戦論者の拠《よ》りどころとはどういうところだったのか、それが解体される歴史を確認しておきたかったのである。

昭和という時代には、こういうメディアをもてなかったことが反省点でもあると思う。そういう意図を汲んで、第4章を読み解いてほしいと願う。本書は単なる歴史風読み物ではなく、それなりに意図を含んでいることを理解していただければ、著者としてはこれにすぐる喜びはない。

保阪正康

戦争という魔性
歴史が暗転するとき

▼もくじ

もくじ

第2章 戦争の真の姿

第3章 いかにして戦争は終結に至ったのか？

第5章 テロリズムの台頭と戦争

編集協力：溝呂木大祐（スタジオ・ソラリス）
装幀・本文デザイン：溝呂木一美（スタジオ・ソラリス）
DTP：株式会社キャップス

第1章

「日米開戦」への道

いつ？ 誰が？——なぜ日本は無謀な選択に至ったのか

日本海軍の真珠湾攻撃——昭和16（1941
12月8日。炎上する米戦艦アリゾナ。

戦争には、常に狂おしい課題がある。どのように戦闘を開始し、どのように戦いを終結させるかという難問である。

科学の「進歩」によって核兵器をも手に入れた人類の戦争は、今やＡＩ（人工知能）を駆使する段階にまで達している。しかし、どの時代のどの国の戦争にも、今述べた課題は変わることがないと言えるだろう。この難問に立ち会った人間の営みが、歴史そのものであるという言い方もできるかもしれない。その営みの中にこそ、「戦争の魔性」が潜んでいるように思う。

国家の指導者の中には、自己の野心のために戦争を始め、保身のためだけに終戦を決めた者もいるだろう。表の歴史を学んでいるだけでは、その実相は決して見えてこない。この章では、日本が対米英戦争に突入していった道程を精細に検証していきたい。開戦に至る道筋に隠された「闇」を見つめ直したいのである。光が当たっている部分の裏側、闇に覆われている事象にこそ、歴史の真実が隠されていると思うからである。

1 戦争の始まり

▼ウクライナ戦争と世界の戦争理論

まずは、プーチン大統領によるウクライナへの侵略戦争を裏側から見ていきたい。

彼の言動を知ってすぐにわかることは、プーチンが20世紀の帝国主義的戦争の教訓に全く学んでいなかったという点だ。彼の頭にあるのは、スターリンの作ったソ連という社会主義体制の中心軸を再現して、ロシアをその帝国の支配者たろうとする野望であった。もしプーチンが生粋の軍人であったなら、このような愚かな野望が新しい世紀には無理だと理解したであろう。

軍人はたとえ愚鈍なタイプでも一度戦争を体験すると、戦争を簡単に選択しなくなる。ただし、戦場に行ったことのない軍官僚はその限りではない。自分ははるか彼方の本部にいて、兵士に突撃を命じるだけだからだ。平然と死を要求する。付け加えておくが、昭和の戦争の指揮にあたった日本の軍官僚はこのタイプが多かった。現代においてもこのタイプがプーチンのような発想を試みるのだ。

改めて約79年前に終わった第2次世界大戦から何を学ぶべきかという視点で、日本の戦時指導や戦争哲学の内実、さらにはその裏を確認していくべきであろう。「新しい戦前」と評されるほど、日本の今の状況は変調をきたし始めているからだ。太平洋戦争への道、その戦い、その終わり方について詳細に見ておく必要がある。

また、今のロシアの戦争の始め方、進め方は、太平洋戦争の戦略なき指導と重ね合わせることができる。さらに最も重要なのは、戦争の終末点を考えていないということである。この事実は、ウクライナとの戦争が簡単に勝利すると考えていたという点で、日本の「支那一撃論」と同じものである。おごり高ぶり、そして客観情勢が見えていないのだ。何より軍事行為を支える哲学、思想などがまるでないことが明確になっている。太平洋戦争の開戦を述べる前に、しばらく戦争の哲学などを見ていくことにする。

第2次世界大戦を戦ったアメリカの高級軍人の中には、大戦を通して新しい軍事論を書き残した者が何人かいる。連合国の戦争を客観的に分析しているのである。

東南アジア副司令官などを務めたアルバート・C・ウェデマイヤーの書『回想録』を紹介したい。彼は国家の資源を①政治、②経済、③心理、④軍事というように4つに分類して戦略を組み立てる必要があると論じている。結局、戦争の推移はこの組み立ての正確性にかかっているというのである。政治、経済、心理に基づいての戦略を練った結果、軍事を選択しないで国家目標が達成されるのが望ましいというのである。

ウェデマイヤーの書は、ルーズベルト米大統領やチャーチル英首相を極めて辛辣《しんらつ》に批判している。彼らの戦略には全体的な歴史観がないようだとの視点で、その戦争観を俎上《そじょう》に載せているのだ。軍人として教育を受けたウェデマイヤーは、現役時代にドイツの陸軍大学校に留学したこともあり、ドイツの動きを分析する彼の視点はアメリカの軍人には珍しい含みを持っていた。ヒトラー時代になる前のドイツ軍は、軍事の上ではある規律を持っていたというのである。

この軍人は、独ソ戦などでは両方が倒れるまで戦わせておけばいいとの見方がアメリカにあったことを認めている。一方でヒトラーは対アメリカ戦など全く考えていなかったのだが、日本の対米戦開始に引きずられてやむなく戦う状態になったとの見方を示している。この書は「第二次大戦に勝者なし」という邦題が付いている。彼によればアメリカもイギリスもこの戦争で失ったものが多いと言いたいのだろう。勝者のいない第2次世界大戦とはどういう戦争を指すのか、そのことをこの軍人の論理と共に整理してみたい。

彼は独ソが共倒れになるまで待ち、アメリカとイギリスが出て行ってヨーロッパの勢力図を確立すべきであったというのであった。そうすれば共産主義者やファシストの支配を防ぐことができた。これをアメリカ国内では「勝利の計画」と名付け、議会や陸軍省、海軍省などで密かに計画書が出来上がっていたというのだ。

こういう軍人の高度な戦略論をひもとくと、ヒトラーやスターリン、そしてプーチンの戦争の底の浅さが浮かび上がってくる。

▼「チャーチルの甘言に乗せられるな」

欧米の戦略論はある特徴を持っている。たとえ軍人であろうとも、戦争そのものをできれば避けるべきという考え方を土台にしていることだ。それはかつての第1次世界大戦後の戦略論にうかがえる。戦争の残酷さ、あるいは冷酷さが人類の文化を最終的に破壊するのではないかとの恐怖心を持ったためであろう。

アメリカでは第1次世界大戦に参戦したことが誤りだったという考え方がかなり広がっていた。イギリスに火中の栗を拾わせられたという見方が反英的な人たちによって主張された。ウェデマイヤーの考えもこれに近く、第2次世界大戦前にアメリカの軍事指導者によって戦略論として大いに議論されたようであった。

昭和14（1939）年9月からの第2次世界大戦ではアメリカ政府が再びヨーロッパ参戦

の方針を明らかにすると、軍人たちの間に幾分白けた気持ちが生まれた。しかしドイツによるユダヤ人虐殺、民主主義体制の崩壊危機、日本の中国への侵略、アメリカへの騙し討ち（真珠湾攻撃）は、そういう白けた気持ちを一掃させたというのである。

こうした事情を分析していくと、アメリカ国内のモンロー主義（不干渉主義）が唱える、ヨーロッパの戦争に参加すべきではないという考えが「チャーチルの甘言に乗せられるな」との意味を含んでいるのだとわかる。アメリカの青年が他国の戦争で死ぬことなどないようにすべきだ、との論が主流になっていた。

日本はそういうアメリカ社会の空気を見抜けなかったのだ。

アメリカの政治指導者と軍事指導者は、どうだったか。基本的にはモンロー主義の方向に立っていた。アメリカの青年をヨーロッパまで送って戦闘に参加させることには及び腰であった。ルーズベルトが大統領選で勝利したのは、まさにそういうスローガンが功を奏したからである。

しかしイギリスのチャーチルらは、何としてもアメリカ軍を第1次世界大戦のように参戦させ、ヒトラーのナチスを壊滅させる実行部隊の役割を果たすよう期待していた。その役割に応えようとしていたのがルーズベルト大統領とハル国務長官であった。表向きはヨーロッパへの参戦に積極的な姿勢は見せなかったが、密かに参戦計画を立てていた。

その計画をすっぱ抜いた「シカゴ・トリビューン」紙によると、アメリカの陸海軍の最高司令部では、ナチス打倒のために最終的に1000万を超える兵士の動員を考えていた。その秘密計画とは「2つの海洋と3つの大陸、すなわちヨーロッパ、アフリカ、およびアジアにわたる全面戦争の青写真」だったのである。これはそれ以前にやはりスクープされた「勝利の計画」と対立する内容であった。

ルーズベルトの秘密計画をシカゴ・トリビューンがスクープしたのは昭和16（1941）年12月5日、日本軍の真珠湾攻撃の2日前（現地時間）であった。このスクープが意図的に漏らされたのは言うまでもないことだと思われるが、日本軍の奇襲攻撃への対抗措置を考えていたのである。あらゆる意味でタイミングのよいスクープであった。

アメリカ国内のあらゆる対立が一気に解消して国内世論がまとまったのは、まさに真珠湾攻撃にあった。ウェデマイヤーはこう書いている。

「（真珠湾攻撃によって）アメリカ国民全員の注意は、アメリカの防衛という神聖な義務に集中した。（略）一日も早い勝利を得るため、国家に忠誠と愛国心とを捧げて、各自の最善を尽くすことに全国民が一致した」

新しい戦争論の誕生であった。それほど高度の理論というわけではないにせよ、新時代を予兆する戦争論の方向性を含んでいたのである。

ローマ人がいみじくも述べたように、「戦争とは国家間の最後の議論である」とウェデマイヤーは述べているし、兵法を説いた孫子や、『戦争論』を著したクラウゼビッツの語っていることも全てこれに通じている。したがって、かつてはこの意見がアメリカ軍事学の要諦だったということであろう。ところが政治家たち（そこにはルーズベルトやチャーチルらが含まれるのだろうが）は、戦争を政策の代用物に使ってしまったというのである。ナチスという巨大な悪を倒しながら、それと同等の悪であるスターリニズムを育てたのがその例だという。

軍事は「政策の代用物になってはいけない」というのが軍人たちの教えになっていたとの見方を、私たちは深くは知らなかった。ドイツのナチズムやイタリアのファシズム、それに日本の軍国主義は、政策の代用物として戦争を選択している。ルーズベルトもチャーチルも、つまりはそういう形での戦争体制に入っていった。

果たしてそれは正しかったのか。この世界大戦の本質は何なのか、そこを見抜いていないと生粋の米国軍人たちはいうのであった。

ウェデマイヤーらの考え方をまとめると以下のようになるのではないか。

①戦争目的が曖昧《あいまい》な戦争は大量殺戮に傾く（勝利が絶対目的のため）
②戦争目的とは相手側の戦争遂行体制の除去と指導者を排除することである
③相手国の中に存在する非戦派への支援は重要な戦略である
④相手側の友好勢力を拡大し、それを支える体制により戦時体制の崩壊に持っていく
⑤相手側が我が国に対して二度と戦争を挑むことのない体制と意識を育成する

こうした背景には、アメリカの青年を直接関わりのない戦争で死なせてはならないという覚悟、新しい兵器による戦争の質的変化で非戦闘員の大量死を防ぐ決意、さらには戦争を繰り返さない哲学などの必要性が求められるようになったとの理解があった。軍人が率先して戦争観、戦略観を確立し、それを政治の側に示すという慣行があるということになるのだろうが、その背景には戦争をできるだけ避けるという知恵がありそうだ。

ウェデマイヤーの書は、日本について詳しくは触れていないが、全体的にその国力を正確につかみ、日本が二面作戦（南方での対米英戦争、北方での対ソ戦）を行う戦力がないことを見抜いていた。むしろ枢軸国（日独伊を中心）を対ソ戦をやる方向に誘導するべきだと考えていたようだ。

しかし日本の真珠湾攻撃によって、ルーズベルトはチャーチルの戦略に見事にはまり、ア

メリカは勝利だけを目指す目的なき戦争になだれ込んだ。日本の軍人たちなど、チャーチルから見れば子どものようなものだと言いたいようなのである。

こう分析してくると、ウェデマイヤーらの考える第2次世界大戦とはどのような構図で終《しゅう》焉《えん》を迎えればいいことになるのだろうか。それはドイツ内部の反ヒトラー勢力を助けて、ヨーロッパの中央地帯に民主主義国ドイツを再建することだったというのである。そしてドイツが共産主義の巨大な防波堤の役割を果たすことだというのである。

日本については詳しいビジョンが示されているわけではないが、ウェデマイヤーら軍事指導者の構想を推理していくと、ソ連と戦わせ、双方が疲労の極みに達したときに介入するべきだとの意見になるように思われる。アメリカはそういう方向に情勢を誘導していくべきだとの考えだったように思われるのだ。ソ連が第2次大戦の後に巨大な国家になるのを防ぐことが戦争目的だということになる。ドイツや日本を巧みに使ってである。

第2次大戦に勝者はいなかったという意味は、結局はスターリンだけが勝利を得たということを指している。

私の見るところ、この戦争では次の4つの敵を壊滅させるのではなく、この4つが存在する体制の病根を除去する。それが真の戦争目的だという論理であった。ルーズベルトやチャーチルは4つの敵を除去するのでなく、壊滅させるために、総力戦を掲げて戦う戦争に切り替えていくという誤りを犯したと説くのであった。

4つの敵とは、①ドイツのナチズム②イタリアのファシズム③日本の軍国主義④ソ連の暴力革命などを指すわけである。

できればこれを表面上は徹底して戦って抹殺してやりたいと思ったわけだが、これら4つの敵を相互に戦わせてそのエネルギーを消耗させる戦争など考えも及ばなかっただろうと、この軍事指導者は見ていたのである。

2 衝撃の独ソ不可侵条約

▼「日本と米国との対立」で英国はどう動くか？

日本が米国との戦争に、どのような理由でどのようにのめり込んでいったのか、その経緯と裏側をつぶさに見ていきたい。まずは米英の政治指導者たちとの交渉を検証する。

日本はチャーチルに対して、その実像をほとんどつかんでいなかった。チャーチルの政治目的や戦争観などを全く確かめる余裕がなかったといってもよかったのだ。チャーチルとルーズベルトの間柄がどのようなものか、そのことについて、確かに表面上は検討している。この問題は昭和10年代に「英米不可分論」か「英米可分論」かといった論争に絞られた。

わかりやすく言えば、もし日本がアメリカと軍事的に敵対するならば、それはそのままイギリスとの対立を意味するというのが「不可分論」である。アメリカと対立しても、イギリスとの対立には至らない、というのが「可分論」の言い分である。この論は大正時代末期の日本とアメリカの対立時から論じられるようになった。

とはいえ正面切って論じられたのではなく、この米英2カ国連合と戦う事態を想定したわけでもなかった。しかし、昭和12（1937）年7月の日中戦争以降、三国同盟に傾斜していく日本に対してアメリカは極めて不快であることを隠そうとしなかった。アメリカと敵対の関係に入ったら、そのままイギリスとの関係も悪化していくのだろうか、という懸念は日本の指導者の中でも、より大きくなっていったのだ。

大きく分ければ、陸軍は可分論の立場であった。つまり、アメリカとイギリスは可分の関係、だったら日本はアジア各国への資源を求める動きを強めてもいい。なぜなら、日本がイギリスの植民地である国の資源（主に石油だが）を求めて軍事行動を起こしても、アメリカは反撃してこないだろうと予想したからだ。陸軍の政治指導者は、この英米可分論を信じることで、ドイツがアジアに植民地を持つ国を叩いていることで、ますます日本が有利に展開することになるだろうとの見方を強めるようになった。

逆に英米不可分論なら、日本の石油危機を解消するためにアジア地域のイギリスへの石油供給国に、日本が軍事的に入っていったら、アメリカは日本との戦争をいとわないであろう。

英米不可分論は、海軍の立場から発せられていただけに、チャーチルとルーズベルトの結びつきは戦後もしばらくは曖昧にされていたのかもしれない。陸軍を代表する東條英機は、極めて楽観的に英米可分論に立ち、ルーズベルトとチャーチルは一体ではないと檄を飛ばした。

どちらの論が正しいか、結局は日本の運命を決定することにもなるのだが、この論の推移を見ると、日本社会のずさんな、そして自己本位な見方が浮き彫りになってくる。都合の良い思い込みで事態を理解することによって状況は一歩ずつ、より悪化していくのであった。

▼突然、ポーランドが世界地図から消えた！

昭和14（1939）年8月23日に、まさに青天の霹靂《へきれき》という語がふさわしい形で「独ソ不可侵条約」が結ばれた。当時の平沼騏一郎首相は「ヨーロッパ情勢は複雑怪奇」という語を残して退陣を明らかにしている。ドイツはこうした条約を結ぶことを日本には事前に伝えていない。それどころか、ヒトラーは密かにムソリーニに書簡を送っている（8月25日）。そこで日本を枢軸体制にとどめるために、あえてこのような条約は益になると確認し合っている。日本の軍部は反英的な態度を取るように政府に迫ったが、政府は応じなかったようだとも連絡し合った。

この独ソ不可侵条約は第2次世界大戦の導火線になるのだが、条約の裏側に秘密協定があり、それに基づいてまずヒトラーがポーランドに入った。そして3週間ほど後にスターリンがポーランドに入った。ポーランドは地図から消えた。

こうした第2次世界大戦の始まりは、日本社会に新たな問題を投げかけた。英米可分論でいくか、不可分論でいくかの岐路に立ったといってもよかった。この論に基づいての国策はいくつかに分かれるのであったが、さしあたり次の選択肢が政府や軍部の目前に提示されていたのである。

①ドイツがヨーロッパ全域を制圧するのに呼応し、日本も全面的に支援する
②ソ連とのノモンハン戦を停戦状態にして、ソ連と中立条約を結ぶ方向を模索する
③日中戦争の泥沼化の原因を英米（特に米国）の対中支援にあるとみて、軍事の対決を

いとわない

④ 英米は一体ではなく、2つの国家の政治的、軍事的対立が露呈している

⑤ 英米は一体であり、対枢軸体制の政策や対応は足並みが揃っている

この5点のうち、日本の政治、軍事指導者はどれを選択したか。

第2次世界大戦の推移を見て、日本は日独伊三国同盟を締結し、戦争政策に進む。①、③、④がその後の政策になったのだ。それを進める陸軍とそれに抗する天皇周辺の動きは、後で詳述するが一編のドラマになるほどである。

独ソ不可侵条約が結ばれ、日本はなすすべもなく呆然とした状態になった。簡単に言えば、ヒトラーとスターリンの野合にいいように利用されたのだが、日本陸軍の指導者はこの不可侵条約にヒトラーとスターリンが自らの政治思想や理念を巧みにかけていることを見抜けなかった。ナチスドイツがヨーロッパを席巻していく勢いに乗じて、そのドイツとさらに強い同盟を結ぶべきだと主張するありさまであった。

そういう同盟の強さによって、アメリカ、イギリスと対峙すべきだとの主張が公然と繰り返された。陸軍の政治将校らは密かに政党内の親軍派に手を回し、「英米追従の方針はやめて外交方針を練り直せ」との意見を表面化させている。ナチスに利用されているにもかかわ

らず、ナチスの戦略を自分たちに都合がいいと、そこに身を任そうとしていたのだ。

▼和平派の吉田茂と天皇側近人脈

この頃の陸軍の体質、指導者の方針、そして将校の思想は、ただ一点に絞られている。〈ドイツの力を利用してアメリカ、イギリスのアジア拠点（石油資源の供給地）を叩き、両国の対中支援を断ちきる〉

というのであった。昭和15（1940）年はこの方向を軍事力で目指す陸軍と、その方向を徹底して拒む勢力との対立が国内で演じられた。徹底して拒む勢力は天皇に近い人脈で形成されていて、大きく言えば昭和の戦争に対して和平派と呼んでもよかった。外交畑の長老ともいうべき吉田茂、有田八郎などをはじめ、さらに天皇側近ともいうべき西園寺公望、牧野伸顕、近衛文麿などがこうした人脈を支えていた。彼らはアメリカの駐日大使のジョセフ・C・グルーなどと直接意見を交換できる関係にあった。

グルーは昭和6（1931）年の満州事変時に日本大使となり、昭和17（1942）年までその職にあった。彼の日記は、例えば昭和15（1940）年4月16日には「私は吉田と長い間、話し合った。彼は私に、6月には情勢に重大な転機が来るから、どんな事情があっても日本を離れるべきではない、（イギリスの駐日大使）クレーギーと私自身がその頃いないのははなはだ賢明ではない」とあり、日本は軍部が政治を動かす状態だと示唆したのである。

グルーは、日本には①天皇周辺の親英米派の平和勢力、②軍部の親独派の戦争勢力、そして③時流に流される国民大衆の3つのグループがあると分析して、天皇周辺と接触していたのだ。対米戦争阻止派との友好を模索していたと言ってもよいであろう。

第2次世界大戦の開始早々、日本はナチスドイツの電撃的な攻撃に酔いしれた。軍部や国民の中からもヒトラーに呼応しろという声が高まり、アメリカやイギリスに強い態度で交渉せよと叫ぶようになった。グルーの日記（昭和15年7月2日）には、「軍部は居丈高に、政府はそれより幾分穏やかな言葉で、仏印、香港、ビルマから軍需品が中国へ流れ込むことを完全に中止させることと、上海の共同租界から英国軍を移動させることを要求している」と書かれている。

グルーは3つのグループのうち軍部グループと国民大衆のグループが、ドイツの作戦に大喜びしていると見ていた。

穏健派だった米内光政内閣の有田八郎外相が、ときに東亜での安定政府を目指すという演説をしたのだが、アメリカ、イギリスともこの外相が軍事に取り込まれないようにと不安の目で見るようになった。その米内内閣も陸軍からは弱腰だと批判されることになるのだが、結局は米内が辞任して近衛文麿内閣が成立し、天皇の意を受けながらも事態の打開に動くことになった。

この頃の近衛内閣は、広く国民運動を起こして政権基盤を固めようと意欲的であった。しかし軍部は、強力な支配体制の確立を考えていた。ことあるごとに「戦争を辞さない」と言い、このときになっても軍人グループは英米派に抗する夢を忘れていなかった。英米派を国際的に孤立させることばかりを企図していたのである。

近衛はこの頃の日本の状況を極めて不安視していた。陸軍の軍務局長・武藤章が進めているナチ的な親軍派の一国一党運動、観念右翼一派の翼賛主義運動などが幅広く人々の共感を集めていた。こうした人々の集まりに近衛は極めて危険な動きを察知していた。こういうグループが自分を利用しようとしていることがわかったのだ。

日本社会ではひとつずつの動きが完全に計算されていると、近衛は自分を利用する視線の中にそれを感じていた。

▼松岡洋右と東條英機を近衛首相は理解していたのか？

昭和15（1940）年は日本にとって岐路に立った年である。この年に日本は国策の方向を明確にして、翌年からの太平洋戦争への道筋をはっきりと示したのである。

7月22日に成立した第2次近衛文麿内閣に、近衛は2人の強硬派を入れた。1人が外相の松岡洋右で、もう1人が陸相の東條英機であった。松岡はともかく、東條のことを近衛は全く知らなかった。陸軍内部から推されてきた人物で、近衛はさりげなく陸軍内部に探りを入れた。「この男は真面目ではあるが、融通の利かないタイプだ」という評判が返ってきた。近衛はこの男なら使いこなせるだろうと、甘く考えた。それが1年後には手ひどく裏切られる形になるのであった。

同じことは松岡についても言えた。松岡なら英米派と枢軸派との調整ができるだろうと期待していた。近衛は松岡の強引な手法をやはり全く知らなかったのだ。閣僚名簿を昭和天皇に示したとき、天皇は松岡の名を指さして「この男で外交は大丈夫か」と不安な表情で尋ねられた。ドイツやイタリアとの三国同盟に走るであろうと、天皇は予想していたのである。近衛は2人の幾分厄介な人物を閣僚に据えたことをのちに反省するのである。

昭和15（1940）年に政治権力の中心に座った人物は結局、日本を誤った方向に進めた人物であったのだ。こういう人物を自らの周辺の要職につけたことが、近衛の大きな失敗でもあった。例えば東條陸相は、近衛に陸軍のさまざまな要求を示し続け、政治分野にさえ平気で口を挟んだ。近衛はそういう話し方にときに知らぬふりをして、表情だけで「図に乗るんじゃないよ」と答えた。しかし、こういう近衛のような人物が軍事勢力に常に脅かされているのは、日本にとって決していいことではなかった。

この年の9月ごろからは、三国同盟条約案について国会でも審議が始まった。もともとこの種の条約を快く思っていない近衛は、松岡のまるで内閣をリードするかのような振る舞いに不快感を隠さなかった。この三国同盟に近衛内閣は、自身の考え方を明らかにして反対すべきであった。少なくともヌエ的な態度で応酬するなどの強さに欠けていた。日本の不幸と言うべきであろう。

近衛文麿とはどのような人物だったのか、しばらく追っていこう。

国民的人気は高かったのだが、昭和10年代の日本の政治を担うには、あまりにも神経質すぎるきらいがあった。その知性、識見、それに社会観は当時の日本にあっては、他の誰にも負けないほどの優れた能力ともいえた。しかし他人を押しのけても自らがその中心に立つことに臆病で、これが唯一の欠陥であった。平気で横車を押すような軍人の体質を最も嫌った。

昭和10年代に近衛が首相に呼び出された背景には、軍部が極端に勢力を拡大して、反軍部、反右翼といった人物が身をすくめていくという現実があった。近衛は元老の西園寺公望や昭和天皇の期待を集めていて、近衛の力をもって軍部の強硬派の影響力を避けるという役割を背負っていた。ところが、これがことごとく失敗していく。近衛に対して軍部が巧妙な接し方をしたためであった。

近衛は昭和15（1940）年7月の第2次内閣からドイツ、イタリアとの三国条約を結ぶように盛んに圧力をかけられた。前述のように同条約には天皇をはじめとして、宮中関係者は反対であった。日本軍は第2次世界大戦に参加する意思を持ち、その許可を得るために、軍部は天皇との間に必死の政治的ドラマを繰り返していたのであった。

近衛は三国同盟を詳しくは知らなかった。とはいえ自らの内閣で軍部に条約締結を断念させるか、それとも日中戦争時の首相として今回も軍部に妥協するか、のいずれかが迫られていた。近衛は神経質な性格であることをあまり人には見せていない。ひとまず東條や松岡の言い分も聞いた上で三国同盟条約についての詳細を頭に入れ、その進展にブレーキをかけるにはどうするかを考えている。まずは拙速な反対論を吐かず、事態をさりげなく動かないようにしたのである。

ドイツはこの三国条約に熱心で、日本に説得役としてスターマー特使を送り込み、三国同盟を軍事同盟に変えていこうと檄を飛ばした。近衛の残した遺言の記録ともいうべき書（『失はれし政治（近衛文磨公の手記）』）（昭和21年4月）によると、スターマーと松岡との会談記録が残っていて、「第一が米国の欧州戦加入を極力防止」「日ソ親善に関してドイツは『正直なる仲買人』たることとの約束」の2点がこの席で決まったというのだ。ドイツの本音がどこにあるのか、近衛は理解したのであった。

近衛はこのときの国際社会の全体図をそれとなく理解した。つまりアメリカはまずはドイツ、日本と戦争状態になることを避けていたのである。

近衛は、自らを補佐する与党勢力の確保が不可欠と考えた。そのため大政翼賛会を設立し、国民的支持基盤を厚手にして内閣を強化することを目指した。ところが近衛のこうしたもくろみは根本から崩れてしまった。

各政党は次々に解散し、この大政翼賛会になだれ込んできた。気がつけば政党は全てこの潮流に身を任せる状態になっていた。まさにファシズム的流れが出来上がった。さらに9月27日、三国軍事同盟が締結された。近衛にとっては不本意な軍事同盟であった。これも陸軍の強硬派に押されての政治的後退であった。

この同盟が結ばれた2カ月後に、最後の元老であった西園寺公望が老齢のために死去した。近衛にとっては最も頼りにする政治的後ろ盾であった。もう一点付け加えておくならば、この年は皇紀2600年であり、近衛はこの皇国史観の継承の役を与えられた。大政翼賛会運動そのものが皇国史観と合体して、皮肉なことに近衛がこの種の運動の最も適任者とされたのであった。

こと志と異なる方向に日本が進み、これまでの近代史の終着に達する道筋の中でファシズム的方向への舵取りのような役割を持たされた。そこに近衛文麿の悲劇があったと言ってよかった。

近代史の中で近衛が自らの意思と判断、さらには行動力を存分に発揮していたならば、彼は昭和史の救世者になっていたと私は思う。そうならなかったこと、そうならせなかったこと、その理由は改めて歴史的にしっかりと確認しておかなければならない。

だが、私たちは近衛の心情の細部にわたる検証を怠ってきた。理由はいくつもある。ひとつは近衛自身が終戦後、A級戦犯に指定されたあと12月に自殺し、一切の弁明を拒否する姿勢を貫いたこと。つまり歴史上の責任を全て引き受けたと言うこともできた。たしかにそれはそれで一つの姿勢を守り抜いたと言える。

その半面、歴史的事実が曖昧になり、真実が見えなくなってしまった。特に近衛の場合は開戦前の重要な史実と関わりがあるゆえに、彼のそういう姿勢を逆に利用して近衛に加重な責任を押し付けている点がなきにしもあらずというふうにうかがえる。

なにも近衛に一切の責任がなかったとか、近衛が可哀想だといった論を用いるわけではない。近衛の責任は責任として問うにせよ、近衛の責任でないことは明確にしておかなければならないであろう。

▼近衛文麿の計算違い

近衛の自決後に刊行された前出の『失はれし政治』は、近衛自身の手書き原稿による。それだけに最も参考になる近衛本と言ってよいであろう。この書の中で、近衛は三国同盟締結時の世論と自身の違いについて詳細に書き残している。近衛は三国同盟を結んだ当時の対アメリカ関係を次のように書いている。

「米国の対英援助が粗に進んで、米独戦争になるという可能性があった。この可能性を日本をして牽制してもらいたいという独の希望、従って三国同盟の締結の大きな趣旨の一つは米国の参戦の防止、世界戦乱の拡大を防ぐということにあった」

日本がドイツと手を結び、対米戦を仕掛けるというのは誤解だったというのだ。

結果的に日本はドイツの力を過信してアメリカとの戦争に踏み切るのだが、それは日本の政治、軍事指導者が意図的にその方向に政策を進めていったからだということになる。近衛に言わせれば、世論の中には、漠然とではありながら、ドイツと日本が一体になってアメリカを攻撃するのだという短兵急の世論があり、それを平気で鼓吹《こすい》する一派もいた。第2次世界大戦の始まった頃になるのだが、日本は冷静な分析を行う別の一派の声がかき消される状態だったのである。近衛の声はともすればかき消されがちであった。

松岡外相、東條陸相などの威勢のよい声が内閣の声と思われたのだ。この2人と近衛の関係の裏側はどうだったのか。

昭和史の中で近衛内閣の評価が高くないのは、松岡外相を使いこなせなかったこと、そして陸軍の強硬派を代弁するだけの東條陸相を罷免できなかったことに尽きると言えるだろう。松岡と東條は昭和史の中で最も重い責任を取るべき立場の人物だが、この2人の責任や性格まで近衛のせいにされているのは酷というものである。

初めに近衛と松岡の関係を見ていくが、松岡を外相に据えた背景には近衛にも計算があった。この個性の強い人物ならば、陸軍の強硬派を抑えることができるだろうし、さらに外務省の「枢軸派」と「英米派」の戦いを調整できると思ったのである。松岡の個性の強さはそういう調停役にふさわしいとも考えていたのであった。結論を言えば、何と甘い考えなのだろうということになるのだが、近衛は国際連盟での松岡の脱退演説などを見て、この男をうまく使えばいいと楽観的に受け止めたのだ。

松岡は外相として、当初は近衛の意向に沿って極めて巧妙に動いていた。就任当初はあたかも英米派を自任しているかのような態度をとっていた。就任するやすぐにアメリカの駐日大使グルーと会い、自分はもともと日米の国交を最重要視してきたのだと、ルーズベルトへのメッセージを託したのであった。グルーは感激して、今度の外務大臣は話のわかる人物だと、本国に伝えたというのであった。

実は松岡は、ジュネーブでの国際連盟脱退の演説の後、アメリカに寄り、ホワイトハウスにルーズベルト大統領を訪ねている。そのときに深い感銘を受け、「私も大統領と同様に世界平和に役立ちたい」というのが、グルーに託したメッセージだったのである。

松岡はグルーを呼んではしばしば会談を行ったが、「外相は高度の機密なども進んで内話しているが、そうすることによって、大使との間に個人的信頼関係を築こうと試みたものと推察」（『日本外交史　23』加瀬俊一著）できるというのであった。松岡は冗舌癖があったが、グルーに機密情報も話すことで、親しさを増す方法を身につけていたと言えよう。

しかし松岡の英米派寄りの姿勢は本物とは言えなかった。とにかく松岡は外務省内部の人事異動を徹底して行い、枢軸派の人物を重用したからである。さらにアメリカ、ドイツ、ソ連などの大使級の人事にも手をつけ、その本心を次第に明かしていくのであった。

吉田茂ら外務省の英米派の長老は、反松岡の姿勢を明確にして怒りを示した。

実は、昭和15（1940）年の9月ごろから翌16（1941）年の初めにかけて、近衛文麿内閣を支える親英米派の要人たちは極めて精力的に動いた。近衛を中心に政治を動かすのが最も天皇の意思に沿っているからというのが理由でもあったが、半面でその戦いは軍部の恫喝《どうかつ》や脅迫にいかに耐えていくかという問題も抱えた。この親英米派の動きの中心にいたのは外務省を引いた形になっている吉田茂であった。吉田は岳父の牧野伸顕（大久保利通の子）をはじめ宮中の天皇側近とつながっている要人と連携し、アメリカの駐日大使のグルーやイギリスの駐日大使のクレーギーらとしばしば話し合っていた。

この時期になると陸軍の憲兵隊がグルーやクレーギーの外出時に露骨に尾行するありさまで、吉田などにも尾行や電話の盗聴などを続けていたのであった。

そのため吉田は密かに近衛に対して書簡を送った。それも実際に郵便を利用すると開封、転写、場合によっては未着などの事態になるため、執事を自宅に訪ねさせ、手渡しすることが次第に多くなっていった。弾圧に抗する対抗策であった。

むろん吉田はこのような書簡の内容について、牧野などと相談していたはずである。ドイツが対英戦も容易に片付け、日本はそれを巧みに利用して東亜に権益を確保するというのは現実離れしている。実際にドイツの戦略は全て停滞気味であり、惑わされてはいけない、というのが吉田の近衛への助言であった。近衛は、吉田をはじめとした親英米派の動きに心中では賛意を示しつつ、一方で政策の担い手として松岡外相にも一定の信頼を持っていたのだ。それが落とし穴であった。

3 日米交渉の駆け引きと陰謀

▼松岡洋右の「ヒトラーとスターリンに会った」興奮

近衛首相は片方で親英米派に依存し、もう片方で松岡外相の対米宥和《ゆうわ》政策に期待をかけていた。両者には対英米政策の打開が必要との認識があったが、その手法には大きな違いがあり、やがてそれが具体的な形で明らかになっていくのであった。

それまでの期間は近衛が両者をうまく操ろうとする時期ともいえた。そのバランスが崩れたのはいつであろうか。それが日米開戦前の重要な分かれ目と言うことができる。

近衛が松岡に不信を抱くようになったのは、昭和16（1941）年4月に始まった日米交渉からである。松岡は公然と近衛の意思に反する行動を取るようになっただけでなく、自分が近衛内閣を動かしているかのような行動に出たのである。単純な言い方になるが、松岡は近衛をばかにするかのごとき態度に出たのだった。

この日米交渉の始まる前、松岡はベルリンを訪ねてヒトラーと会談をした。日本のドイツへの期待を表明し、また同盟意識を確認していた。ヒトラーはドイツがヨーロッパを席巻しているさまを語り、日本もシンガポールを叩けばいいとのヒトラーの言に松岡はうなずいた。帰国したときにそのような言葉を吐いて近衛らを驚かせている。

松岡はベルリンで、外相のリッベントロップからそれとなく、ドイツはいずれソ連に軍事的に侵攻すると聞かされている。実際、2カ月後にドイツはソ連に攻め入っている。ベルリンからモスクワに入った松岡は、スターリンとも何年来の知己のように話し合い、ソ連との間に日ソ中立条約を結んでいる。松岡は三国同盟にソ連を加えて四カ国通商条約を結び、英米に対抗しようと考え、その政策を改めて形にしていったのだ。

そして松岡は意気揚々と日本に帰ってきた。自分の構想は近衛内閣に承認され、そのまま政策になると自信満々であった。ヒトラー、スターリン、それに以前にはアメリカでルーズベルト大統領にも会っている。自分は日本では余人の及ばないレベルの指導者だという自負があった。日本に戻ってきて、空港で秘書官から新たに日米交渉が始まる、この交渉はアメリカ政府も了解した基本方針のもとで行われると聞かされて、松岡は逆上した。

近衛に帰朝報告を行ったときも、大本営政府連絡会議に出席したときも、松岡はヒトラーやスターリンと会見した自慢話を披歴するだけであった。近衛がそれを遮って、日米交渉を始めるようアメリカ政府に伝えよと命じても、自分はその前提になる「日米諒解案」の内容に不満だとあれこれ難癖をつけた。松岡は国際社会の指導者たちに接触して、自分も彼らに列する地位にいると錯覚していた。さらに外務省に出勤しないという抵抗を続けた。自宅に職員を呼んで執務を進めるという非常識な振る舞いであった。

近衛の不信と怒りは頂点に達した。許し難い抵抗の姿勢だからである。

昭和16（1941）年5月、6月になり、近衛は松岡を信用しないだけでなく、この人物を閣内から追い出さなければならないと考えた。外務省出身のOBたち（例えば吉田茂、幣原喜重郎、有田八郎ら）も、松岡の外交姿勢に一斉に不満を表す書簡を相互に送っている。

その一方で、陸海軍の枢軸派や国粋主義団体などの右派系団体は松岡支援に乗り出し、松岡政権擁立を画策するに至っている。枢軸体制の一員としてドイツとの同盟を強化せよと主張するのであった。近衛にはとうていのめない要求であった。

駐日大使のグルーは、天皇側近の親英米派から松岡のそうした態度を知り、本国政府に伝えている。そしてどんなことがあっても松岡の訪米を許さぬようにと強く要求している。

むろんこういう極秘の情報もグルーから日本側に伝えられていたことは容易に想像ができる。松岡を外さなければ日米交渉は成功しないというのはこうした秘密のルートでほぼ常識になっていたのだ。

それでも日米交渉は松岡の妨害やサボタージュなどを受けながら、とにかくワシントンで駐米大使の野村吉三郎と国務長官のコーデル・ハルとの間で始まった。4月から7カ月間にわたった交渉は、歴史上まれに見る双方の頭脳をかけた戦いとなった。

▼暗号解読の虚々実々

太平洋戦争の直接のきっかけは、この日米交渉の失敗である。最終的に日本は「ハルノート」を突きつけられ、これでは交渉の意味がないと戦争に踏み切ったのだが、この7カ月間は政治、軍事指導者の資質や能力、さらには戦争観から歴史観までが露呈した期間でもあった。

まずこの間の日米交渉の構図を整理しておこう。

アメリカで対日交渉に当たったのは、ルーズベルト大統領のもと国務長官のコーデル・ハルである。この2人の対日戦略は極めてはっきりしていた。

日本を挑発してアメリカに対して軍事行動を起こさせ、対米戦を行わせるという戦略だった。そうすれば、ドイツは三国同盟の条件に従い、日本に加担して対米戦を行わなければならなくなる。ルーズベルトとハルはその方向に傾くよう交渉に力を注ぎ込んだ。言うまでもなく、チャーチルも蒋介石もこの形を望んでいたのであった。

日本はどうだったか。日中戦争が長引いているのはアメリカ、イギリスの支援があるからだ。中国に勝利するためにはこの2カ国と戦って、勝たなければならない。あるいは中国への支援をすぐにやめさせなければならない。それが軍事指導者の考えであった。

近衛らの政治指導者はどう考えていたか。近衛は対米戦争などできるわけがないと心底から案じていた。戦争をしてはいけないとも考えていたのである。近衛は日米交渉の妥結に命をかけていたと言ってもいい。

交渉の前提となる基本的方針の確認が、当初は繰り返された。松岡外相は近衛内閣の閣僚が反対しているにもかかわらず、最初の日米了解案を変えるよう主張した。三国同盟死守、日中戦争の和平条件の削除、将来の日米首脳会談の除去など、果たして交渉自体が成り立つのかと疑問が持たれるような条件を盛り込むことを要求したのだ。

陸軍大臣である東條は、しばしば松岡の意見に賛成することがあった。ドイツにべったりのこの軍人は、ときにとんでもないことを言って、近衛の眉をひそめさせた。例えば日米交渉でのアメリカ側の申し入れや見解などをドイツ側に伝えてはどうかと言って、閣僚たちを驚かせている。日本外交の内幕を他国に知らせようと考えること自体、あまりにもお粗末な発想だったからである。

実はアメリカ側は日本の本省と日本大使館でやりとりする暗号電報は全て解読していたのである。アメリカ海軍の暗号解読班が昭和15（1940）年9月には成功していたため、日本側の手の内は見事なまでに読み取られていた。解読された文書は「マジック」と呼ばれて、アメリカ政府の限られた閣僚だけに配布されていた。マジックは相応に歴史ドラマの主人公になり得ているとも言えるだろう。

日本側が暗号盗聴に全く気づかなかったのかといえば決してそうではない。2、3の例を引いておくことにしよう。

ひとつは、あまり知られていないが、陸軍省軍務局の高級課員・石井秋穂中佐の証言である。終戦から30年ほど経った昭和50年代初めに、私は山口県に住む石井の自宅に伺い、詳しく話を聞いた。さらに終生にわたり文通で開戦前の陸軍の動きについて多くの証言を得た。石井は陸軍の政治将校として日米関係の主務担当者であった。ワシントンでのハルと野村大使のやりとりが、野村から本省に電報で送られてくる。その電報を石井は毎日のように読み続けた。それがさしあたりの主たる役目であった。この電報報告書を毎日丁寧に読み込んでいるうちに、いくつかの疑問や考えられない国務省の態度などに気がつくのであった。

あるとき野村の報告書を読み込んでいるうちに、その内容が気になった。野村はウォーカー郵政長官から忠告を受けたときのことを次のように報告している。

〈長年の友人であるウォーカーが、国務省まで私に会いに来て、肩を抱き抱えるようにして、君は本国政府から騙されている。日本の軍部はいずれ我々の国を攻撃するだろう。君はいいように利用されているんだ〉

本当のことなのか。この友人が言うように、私が行っている交渉は見せかけなのか、そこをはっきりして欲しいと野村は本省に詰め寄ったのだ。石井は、これは日本の電文が盗聴されていることを裏付けているのではないかと直感的に見抜いた。そして外務省のアメリカ課の課長に注意を促すべく席を立った。

しかし外務省に行って「おたくの電文は解読されていないか?」と忠告しても、それは余計な口ばしを入れることだとの批判が返ってくると予想された。日米交渉に陸軍があれこれ注文をつけることに、外務省の主務担当者が不快の表情を崩さないのを、石井は知っていた。それがためらいになった。

結局、石井は外務省には行かず、これは自分が神経質になっているからだろうと思うことにした。もし不審だというならば、外務省自身が解読の防備を行うはずだと自分を納得させようとした。

情報将校でもあった石井は、日本軍とて敵国の暗号解読に相応の力を持っていることを知っていた。石井は日中戦争下、ある司令部で参謀を務めたときに、国民党司令部と現地の部隊がやりとりする暗号電報を解読していた。そのため国民党軍の戦術を読み解くことができたというのである。日本軍が優勢だった要因のひとつに、この暗号解読があったということも言えた。その体験から石井は、自分は暗号解読に神経質になりすぎているのかもしれない、そう考えたのである。

石井の証言によると、日米交渉は次第に煩雑、かつ専門的な段階に移り、そう簡単には解読できないだろうと石井をはじめ、陸軍の将校たちは考えることにしていたという。しかし私の見るところ、日本がマジックの存在に薄々気づいたのは、やはりこのときが最初であったと言っていいと思う。

もう一つ例を挙げておこう。ワシントンの英国大使館の駐米大使が本国宛てに送った報告を日本海軍のスタッフが傍受したことがあった。この大使は日米交渉についてアメリカ側から聞いた報告を本国に伝えていたのである。その中に日本では日米交渉が成功するように天皇をはじめ政治、軍事の指導者が望んでいる。「外相だけが反対している」という内容があった。野村大使が国務長官のハルにそう語ったというのであった。実際にはマジックの内容がそのような内容だったのである。

アメリカの暗号解読の文書、マジックはそれとなくイギリスにも伝えられていたのだ。電報が解読されていることは、日本がアメリカの手のひらで踊っているような状態だった。同時に日本がアメリカに対して、歴史的につけ入る余裕を与えなければ、実はマジックは日本の極めて節度のある証拠文書となったように思う。

逆に日本の主体性のなさ、さらには国策がグラグラ揺れる証拠になる可能性もまたあり得た。そして残念なことにそのような方向での文書となってしまったのだ。

▼「対米英戦を辞せず」の本音

ドイツがソ連に軍事的に進出した後に、日本国内ではこの事態をいかに有利に進めるかの会議が何度か開かれた。むろん中心になった会議は、大本営政府連絡会議であり、ここで話し合われたことが国策の方向を決める。

この会議の下案をまとめるのは、陸軍省軍務局の佐官であった。佐官は課長クラスの中堅幕僚であり、陸相の東條英機や軍務局長の武藤章の意向を反映させての作業であった。ただし東條と武藤の間には見解の相違があった。

海軍の担当者も海軍省軍務局の佐官だった。つまり陸軍と海軍の2人の佐官が練った案が下案になることが多かったのである。むろん彼らは外務省や近衛首相の意向を忖度《そんたく》することはあったが、しかし基本的には軍の考え方を前面に押し出していた。

そしてこの大本営政府連絡会議の決定が、大体は御前会議でそのまま決定されるのも慣例であった。独ソ戦後の国策が御前会議で決定したのは昭和16（1941）年7月2日である。その文書は駐米大使の野村の元にも送られた。しかしその決定の中には、刺激的な一節があった。国策達成のためには、「対米英戦を辞せず」という一節が盛り込まれたのだ。

国策は、「第一　方針」と「第二　要領」に分かれていた。基本的な方針が定まり、それに沿っての具体的行動が「要領」との意味であった。この要領の第2項には「帝国は其の自存自衛上、南方要域に対する必要なる外交交渉を続行し其の他各般の施策を促進す」とあり、これがために対英米戦の準備を進めるとした上で、「帝国は本号目的達成の為対英米戦を辞せず」と決めたのである。

要領は全7項から成り立っており、外交で懸案事項を解決するという近衛内閣の基本方針が明文化されてもいる。しかし軍事の側から見た、戦争で解決したいという願望が、この「対英米戦を辞せず」の文言の中に込められている。その辺りが近衛内閣の弱さだったと言ってもいいであろう。

『日本外交史　23』（加瀬俊一）には「この重要決定はマジック（暗号解読）によって、直ちにアメリカ政府の入手するところとなったが、（略）強烈なショックを与えたに相違ない」とあり、マジックの関係者はこの解読に大喜びもしたという。日本軍部の本音が見えたからである。

この外交交渉は見せかけなんだ、日本は南方に軍事を発動するんだと読み取り、アメリカ、イギリスとの戦争も覚悟していることがはっきり断言されたと見抜いたのである。アメリカ政府はその本心を巧みに利用して自分たちに都合の良いときに日本に第一撃を加えさせ、戦争に参加する方針を固めたということができた。

ところで当時の日本社会の動きを見ると、この一節は本気で国策要領の中に入れたわけではないことがわかる。つまり軍部としては、ドイツがヨーロッパを席巻し、イギリス、フランス、オランダなどが東南アジアの植民地に軍事力を割《さ》けないときに南方要域に進出しようと考えた。しかしアメリカ、イギリスなどと戦争になると考えたわけではなかった。

この下案を作成した陸軍省軍務局の幕僚は戦後の証言で、「この一節は、いわば心意気を示す表現であった。日本としては、石油を南方から調達するためにアメリカ、イギリスとの戦争も覚悟するという意味だった」と認めている。甘い考えだったのだ。その甘さが日本の致命的な欠点であった。先に言ってしまえば、太平洋戦争の失敗はその甘さの結果でもあった。

▼天皇が「松岡は外国から賄賂でももらったのか？」

「対英米戦を辞せず」の一節は問題だと、政府からもクレームがついた。このとき「対英米戦を辞せざる決意のもとに」や「対英米戦を辞せざる覚悟のもとに」という案ではどうだろうかとか、政治の側からはワンクッションをおいてはどうかなどの意見も出された。しかし御前会議では軍部の意向が追認されたのである。

こうした経緯を見ていくと日本の政策決定の会議は常に強硬派が勝ち、たとえ志だけだとはいえ、ひとたび決まるとそれが既成事実となって、強硬派が力を持っていくことがよくわかる。この構図は昭和20(1945)年8月まで一貫して続いていった。戦争の局面ごとにそういう誤りが続いたのだ。

一方、松岡外相は次第に反米の意見に固執することになった。近衛は不倶戴天《ふぐたいてん》の敵となった松岡を内閣から追い出すことを決め、まずは内閣総辞職を考えた。当時の制度では首相が閣僚の罷免権を持っているわけではなく、ひとまず内閣総辞職をしたうえで新しい閣僚を据えて内閣を再発足させる必要があった。

近衛は外相に新たに豊田貞次郎をつけて第3次内閣を発足させた(16年7月18日)。豊田は海軍出身で、近衛内閣で商工大臣を務めていたが、物資の調達に一定の考えを持ち、さらには日米交渉をまとめるべきだという側に立っていた。松岡とは対極に立つ外相で、近衛の信頼があつかったと言える。こうして日本は新しい布陣で対米交渉に向き合うことになったのである。

大体、松岡は昭和天皇に全く信用されていなかった。

前述のように増上慢になっている松岡は、天皇に会って帰朝報告を行った折にも一方的に長時間話しまくり、天皇が驚いたというのだ。天皇が側近に、「松岡は外国から賄賂でももらったのではないか」と呟いたとの証言もあった。近衛が松岡を内閣から追い出すには、天皇の密かな支援もあったのではないかと思われるほどである。それほど天皇は松岡を嫌ったのである。

一方で松岡は、罷免同然で辞めさせられた不満を陸相の東條英機に書簡として送っていた。松岡にすれば、東條に不満を伝えて陸軍のご機嫌を取ろうとしていたとも言える。

近衛首相は、松岡外相を排除したことで日米交渉は支障なく進むと考えた。ところがアメリカ側はそれほど甘くはなかった。新外相の豊田貞次郎に関してはそれなりの評価をしたが、実は豊田外相の立場より陸海軍の対米強硬派の動きに注目していたのである。もしこのとき、歴史を透視する人物がいたなら、アメリカと日本の本質的な対立は軍部の強硬派が主張していた「南部仏印への武力進駐」にあると見抜いたことであろう。近衛第3次内閣が誕生してから10日ほど後になるのだが、日本は第2次内閣時に決定していた南部仏印への進駐を実施に移した。これが7月28日だったのである。

私は昭和40年代の後半から50年代の初めにかけて、その当時存命だった参謀本部作戦部の幕僚や陸軍省軍務局の将校らに、なぜあの頃に南部仏印進駐を行ったのかと、ただしたことがあった。大概の者が「日本が戦争を辞さないという覚悟で南部仏印に入っていったら、アメリカは大きな報復をしないだろうと我々はみていましたね」と答えた。こちらの意気込みに態度をひるませるだろうと考えていたというのだ。まさに「主観的願望が、客観的事実にすり替わって」いた。昭和前期の戦争指導者の宿痾ともいうべき心理状態に陥っていたのだ。「こうあってほしい」が、「こうであるはずだ」になり、ついには「これが客観的にみても事実である」となってしまうのである。

ところがどうだろう。アメリカの反撃は甘くはなかった。

「対米英戦を辞せずの覚悟」でやれば、アメリカがそれほど強い報復措置を取るわけはないという日本の願望は、まさに大甘だったのである。

アメリカは8月1日に、日本への石油の全面的輸出禁止という措置に踏み切った。「(日本の)所用石油の大部分は輸入に依存しており、しかも、実にその五分の四はアメリカに仰いでいた」(『近衛文麿』岡義武)。日本はたちまちのうちに干上がってしまう。

近衛内閣は予想外の反撃に言葉を失った。しかし、陸海軍の将校たちは対米英戦が現実の方向に動き出すことに次第に興奮していった。彼らは本当に対米英戦への覚悟を固めたのであった。むろんそれは日本の見通しの甘さを逆説的に証明することになった。アメリカの石油の全面的禁輸に続いて、イギリスと蘭印、そしてインド、ビルマなど東南アジアの国々からも、次々と通商条約の破棄が伝えられてきた。

まさにアメリカに率いられた国々は、日本の活力を根本から奪い取ってしまおうとの魂胆とも言えるほどである。

当時、近衛は三国同盟の破棄を陸相の東條に相談している。東條は聞く耳を持たないとの態度だったという。陸軍の指導者は何があろうともヒトラーについていくとの姿勢を明らかにしたのである。

4 米英の共通認識は「日本をいかに利用するか」

▼ルーズベルトとチャーチルの計略

7月、8月と日本にとって重要な時期が続く。

この頃から近衛は次第にやる気を失い、政権を投げ出す方向に傾いていったとされている。近衛の考えた政策はほとんど陸軍の気まぐれに潰されて、前に進まなかったのである。

近衛は日米の懸案を解消して戦争に至る道筋を止めてしまおうと考え、そのためにルーズベルト大統領と会談して一気に解決を模索することにした。いわば日米首脳会談で事態を乗り切ろうと考えたのであった。

近衛は陸相の東條と海相の及川古志郎に、この首脳会談をどう思うか、と打診している。近衛は自ら決断して、積極的に動いて、道を開いていくべきだったと思うが、そこまではやはり踏み込むことができなかった。

近衛からこの話を持ちかけられると、及川はこれは良策だと全面的に賛成した。海軍軍令部総長の永野修身は、アメリカの石油の全面禁輸で日本には備蓄量が2年しかない、戦争をすると1年半で消費してしまうと焦っている。及川が戦争を避けて、全面禁輸を解いてもらう道を選択すべきと思ったのは当然であった。

東條は書面で答えたが、その内容は『近衛文麿』(矢部貞治)によるなら、首脳会談は三国同盟の弱体化を意味する、国内にも波乱が起き混乱する、「対米戦争を覚悟」の上で交渉をするのなら認める、という内容であった。事実上は反対だと遠回しに言っているのである。

一方で近衛は、天皇にもこの案を伝えている。天皇はこの提案に上機嫌で、できるだけ早めに会談を行えと近衛を励ましている。近衛としては、我が意を得たりとの思いで、ワシントンの野村大使に首脳会談の実現を申し入れるよう命じたのである。

国務長官のハルに野村大使が会談を申し込んだのは8月8日である。ハルは、「大統領は今ワシントンにおらず、ニューファンドランド沖でイギリスのチャーチルと洋上会談を行っている」と告げた。この会談は8月3日から13日までの11日間続けられたのだが、それをまとめる形での「大西洋憲章」が発表された。

こうした米英の首脳会談では、日本との外交交渉をどのように続けるか、ナチスとの戦いにいかにしてアメリカが参戦するか、そのために日本をいかに利用するかなどについての打ち合わせが行われていた。

日米の首脳会談は、日米間の前途に光明があるのであれば開催の意味がある、しかしそうでないのであれば意味がないとルーズベルトは判断し、チャーチルもこれに同意したのである。

このことをもっと簡単に考えれば、近衛は日本国内では天皇をはじめとする対米非戦派の支持を受け、アメリカ側からは軍事的膨張政策を批判する政権ならば志を共にできると期待されていたことになる。

その一方で日本国内では、陸軍の中枢やその意を受けて動く右翼団体の側から、対米の姿勢が弱腰すぎるとの批判をあびていた。実際、首脳会談の実施を発表したら、近衛は暗殺されるだろうと忠告する天皇側近もいたし、陸軍の意を受けてその種の行動に出る者もいたと予想されていた。つまりナチスべったりの陸軍の中には、対米英戦にためらう近衛に批判を強める者もいた。陸軍指導部は天皇の意思に沿って動くと言いながらも、実際は天皇の意思を無視していたのである。

日米交渉の成功を望まないのはチャーチルも同じであった。できるだけ早く日本軍にアメリカを攻撃させ、開戦に持っていって欲しかったのだ。

こういう構図を具体的に解いていくと、複雑な国際情勢が浮かび上がり、それぞれ真の敵は誰かといった構図が入り組んでいることがわかってくる。

ルーズベルトは、ワシントンに戻るとすぐに野村に会っている（8月17日）。表面的には首脳会談に乗り気であるという態度を示したのである。同時に野村に対して2つの文書を渡している。

この2つは、日本の軍事上の膨張への警告と、日本が政策転換をする場合アメリカも誠意を持って対応するとの内容だった。これらの文書はチャーチルの意見を取り入れての強硬な内容だったのを、国務長官のハルが修正したものである。今、日本を怒らせて軍事行動を取らせるのは得策でない、なにしろアメリカも十分に戦争準備を終えているわけではないと判断したからだった。それゆえ文書の表現は軟らかい印象を与えるように巧みに練られていた。

ルーズベルトはその呼吸を理解した上で、あたかも明日には首脳会談が実現するかのように振る舞った。「私も近衛首相に会いたいと思っているが、今は飛行機に乗ることを医師から禁じられているので、ハワイには行けない」、「アラスカはどうだろう」などと次から次へとリップサービスに努めている。こうした態度を見て、野村は本省宛ての電文に「この機会を逃してはならない」との意見を踏まえた上で、会談の早期実現を決意するように訴えていた。お膳立てはこうして出来上がっていった。

近衛がリーダーシップを取る形で、大本営政府連絡会議は近衛から大統領宛てのメッセージを採択した（8月26日）。その中には日米関係が今日のように悪化したのは、両国間で意思の疎通を欠いたことと、第三国の謀略策動によると訴える一節もあった。さらに太平洋を静かな状態にするために、日本も何らかの手を打つことを考えているとの内容もあった。その上でどういう政策を考えているかの基本的な哲学を6項に分けて説いている。日中戦争や三国同盟にどのような態度を取るかなどは触れないが、日本の「平和を愛する心」を説いた内容とも言えた。

この文書を野村から受け取ったルーズベルトは、近衛に一層関心を持ったようだった。「近衛は英語を話すのか」と尋ね、野村が「話す」と答えるとさらに上機嫌になった。野村からこうした報告を聞いて、近衛は「このときが日米両国が最も近づいた時であった」とのちに述懐している。

▼髪を伸ばせば、軍人から外交官に?

首脳会談は、ワシントンでの野村大使とハル国務長官の話し合いでは実現の可能性があるように思えた。陸軍省の将校は随員として加わるメンバーを密かに選び、彼らの中には、軍人ではなく、外交官のような身分になるため頭髪を長く伸ばし始める者もあった。背広を着て、日々慣れるように命じられた者もいたほどである。

アメリカに赴く代表団の決定について、近衛は箱根の富士屋ホテルに側近や外務省の対米交渉の専門家らを集め、随員やそれぞれの役割などを打ち合わせている。陸海軍とも大将級の要人を据えるというのである。海軍では連合艦隊司令長官の山本五十六が内定していた。近衛にアメリカへの妥協的態度を取らせてはならないということになるのだろうが、参謀本部次長と軍令部次長も参加させるように統帥部は要求している。対米強硬派で対米英戦を辞せずという側の参加は、日米交渉が始まるとすぐに停滞、決裂の可能性も含んでいた。

外務省は重光葵《しげみつまもる》が随員の主席という形を取ることになった。重光は客観的に日米関係を見ることができる人物として、ひとまず近衛を補佐することになったのである。日本側は会談の日時も、9月21日から25日までと想定し、場所は洋上の軍艦で応じることになった。

こうした案が煮詰まっていくと日本国内の政治、軍事指導者の間に極端なまでの2つの反応が表れた。1つは対米英開戦派の「渋い顔」である。戦争で解決しようというのに、それが全く受け入れられない、戦争で勝利を得た方がはるかに多くの権益が確保できるのに、という論者たちである。

もう1つは、なるべく戦争を避け、交渉で解決を図るべきだという一派の政治家、軍人たちの「笑顔」である。むろん近衛はこのグループであった。陸相の東條はどちらかと言えば渋い顔の方にいた。陸軍省軍務局長の武藤章らは後者の笑顔の側に立っていた。軍政に関わる者は、今戦争など行うべきでない、戦うだけの戦力は日本には整っていないと当たり前の主張をしていたのである。

しかしともかく日米首脳会談は、現実に可能な状態に進むかのように思えた。ところがアメリカ側は日本からの細部にわたる提案を検討し、ルーズベルトが野村に対して改めて具体的な提案をしている。首脳会談の開催には賛成、しかし実りあるようにすべく予備会談で確認しておくことがあるという考えが伝えられた。これが9月3日であった。前途に暗雲が漂い始めた。

▼予備会談への強硬派の思惑は……

予備会談には、交渉が始まった4月の日米了解案を再度確認するとの意味が含まれていた。つまり日本国内の一部に会談の成功を望まない者がいる、それを超えていくには手続きをひとつずつきちんと固めていかなければだめだという意味であった。

そういう経緯が野村から伝わってくると、日米開戦の強硬派は「それ見たことか」と首脳会談への関心を一気にダウンさせたのであった。すでにアメリカ側からは石油の禁輸措置を受け、備蓄量は減っている。どうして国を維持するのか、戦う以外にない、というのが強硬派の意見であった。これらの意見は陸海軍とも統帥部に多かったのだが、彼らは首脳会談の随員にも加わり、この会談を壊そうと考えていたため、内心でルーズベルトのやや強い態度を歓迎していたのであった。

すでに明らかになっている通り、ルーズベルトのこの振り出しに戻す回答は、国務長官のハルやそのスタッフの意見を入れたものであった。ハルは日本政府に強い不満を持っていた。首脳会談についても日本側が積極的なのは、とにかく首脳会談で自分たちの言い分を認めさせ、細目は事務部門の会談でまとめようとしていると判断していたのである。近衛首相は巧妙な指導者なのかもしれないと疑っていた。

ハルはマジックで、強硬派の動きもある程度までつかんでいたのであった。強硬派に一撃(それがどの地域かはわからなかったのだが)を加えさせ、それを根拠に国民を対米英戦争に引きずり込む。アメリカの兵士がヨーロッパやアジアの両地域に出兵する、すなわち連合軍の兵士としてドイツ、イタリア、日本のファシズム体制国家と戦うことが可能になるのだ。アメリカの参戦となれば、どの国からも誰でも参加できる戦争になってしまうのと同じであった。ルーズベルトと近衛首相は結局、歴史の中では十分な関係を築くことができなかったが、それぞれの心中ではお互いを認め合う関係を作ることにはなったのである。

このように、首脳会談がうまくいかないという形で歴史は進んだ。日本とアメリカの指導者は近代史の中では一度も正式の挨拶をしなかったのだ。

5 東條が主張する「御前会議の決定」

▼天皇が驚いた選択肢の順番

日本では次の段階に歩を進めることになった。それが9月4日の大本営政府連絡会議で決まった「帝国国策遂行要領」であった。これが9月6日の御前会議で決定している。

この国策は3つの選択肢を示し、いずれにしろ10月中旬までの間に外交交渉が決着を見なければ戦争に入るとうたった内容であった。3つの選択肢を簡単にまとめると以下のようになった。

①「戦争を辞せざる決意の下に概ね10月下旬を目処とし戦争準備を完整す」

②「(帝国は)米、英に対し外交の手段を尽して帝国の要求貫徹に努む」

③「外交交渉に依り10月上旬頃に至るも尚我要求を貫徹し得る目処なき場合に於いては直ちに対米(英蘭)開戦を決意す」

いずれにしても開戦の強い意志が宿っている選択肢であった。近衛は首相として御前会議で討議される前に、こういう方向が決まったと昭和天皇の前に進み出て上奏を続けた。

すると天皇は近衛の示した3つの選択肢で、軍事行動が1になっているのはおかしいではないか、外交交渉が軽視されていると言えるのではないか、と鋭い質問を放った。天皇は驚き、呆れたのである。対米英戦は避けたいと考えている天皇にとっては、最も不安な3つの選択肢であったのだ。

近衛はこれに対してどう答えたか。「（3つの選択肢の）順序は必ずしも軽重を意味せず、政府はあくまでも外交交渉に努め、いかにしてもまとまらない場合には戦争の準備に着手するという趣旨である、と奏上した」（『近衛文麿』岡義武）というのである。

近衛は、軍部の強硬派の意見を受け入れたかに見えるものの政府は首脳会談を含め外交交渉で解決を図るとの方針を変えていないとし、天皇を安堵させるのに必死だったと言ってもよいであろう。

この9月6日の御前会議は戦争政策を進めたい軍部（特に陸海軍の統帥部）にとって戦争を始めるための重要な会議であったと、のちに近衛を責めるきっかけにされた。実際に10月中旬までに外交交渉が成功しなければ、開戦すると明文化してあったからだ。すでに紹介したように、話し合いがつかなければ戦争を行うということで、大本営政府連絡会議、御前会議と手順が正式に踏まれていたのである。

しかしそうは言っても近衛内閣にあって、戦争に反対している閣僚はそういう決定はひとまず軍部をなだめておく一案だと軽く考えていた。この軽さが軍部につけ込まれる理由となったのである。

そこで御前会議の段階において、開戦派と非開戦派との間でどのような心理戦が行われたのか、日本は本当に対米英戦に入らなければ救われなかったのか、そのことを冷静に見ておくことが必要になってくるのである。

御前会議の前の大本営政府連絡会議で海軍軍令部総長の永野修身は、外交交渉にも見切りが必要だ、軍事的には今なら対米戦には戦勝のチャンスがあると大見えを切った。陸軍参謀総長の杉山元は、今すぐ戦争の決心をしても作戦準備の完整は10月下旬までかかるものなのだと言い、外交交渉にも限界をつくらなければならないと力説している。

統帥部のそういう意見に内閣の海軍大臣は、外交交渉にめどなき場合も、戦争をするという文字を使わずに、「最終的な方策を考える」に直そうと原案の手直しを要求した。海軍の軍政は戦いたくないとの方向を模索していたのだ。

だが、戦争に走る統帥部によって、外交に力点を置こうとの近衛、豊田外相、及川海相らの思惑はあっさりと潰されていく。

▼明治天皇の御製（和歌）を取り出して……

9月6日の御前会議は午前10時に開会して、正午に閉会している。時間にすればわずか2時間ということになる。だが近代日本をドラマに例えれば、この御前会議がクライマックスの一部を構成していることは間違いない。御前会議では発言しないことになっている天皇が、かなり踏み込んだ発言をしているからだ。

2時間の会議の初めは、統帥部の戦争やむなしの意見が示され、外交交渉に力点を置く政治の側の首相と閣僚も、外交交渉がうまくいかなければ自衛的処置を取らなければと、開戦に傾くかのような発言になった。

天皇の気持ちに沿った発言、ないし意見は原嘉道枢密院議長が行うのが慣例であった。原は、この原案は戦争に傾いているが、政府や統帥部の明確な判断を聞きたいと発言した。本当に戦争を行うのかと原は天皇の気持ちをまさに代弁したのである。原の質問に答えを口にする者はいなかった。

やっと及川古志郎海相が「外交に重点がある方向の案です」と答えた。しかし海軍の永野修身と陸軍の杉山元は一言も発しない。及川とは逆の意見だからである。天皇がやおら発言を始めた。

「原議長の今の質問はもっともである。統帥部が何も答えないのは甚だ遺憾である」

こう言うと天皇は懐中から一枚の紙をとりだして、やおら明治天皇の御製《ぎょせい》（和歌）を朗読したのである。

「四方の海みな同胞《はらから》と思ふ世に　など波風のたちさわぐらむ」であった。

日露戦争開戦の折に祖父である明治天皇が詠んだ一首である。その上で自分は日頃から明治天皇の平和精神を継承しようと努めている、と切々と訴えたのであった。天皇は御前会議では発言しないとの慣例を破る行動であった。この言葉を耳にして、会議ではしばらく誰も意見を述べなかった。

しばらくの後に、永野修身軍令部総長が立ち上がり、

「統帥部としては、先ほどの海相の答えと同じで、外交を主とし、やむを得ない場合のみ、戦争に踏み切るつもりだ」

と答えている。戦争は二の次だと認めたのである。しかしこれは、新たな外交交渉に深くは入らないと宣言することでもあった。こうして開戦の経緯が天皇の前で明らかになるのは良いことであった。天皇自身も、開戦への不満を自らの言葉ではっきりと語らなければならないと自覚することになった。

この段階で戦争に傾斜する陸海軍の軍事指導者に、「私は平和を望んでいる」とその心理を披歴したと言ってもよかった。もっとはっきり言えば、天皇が近衛首相の側に立ち、外交努力で戦争を避ける方法はないのかと叱りつけたと言ってもいい。軍事の統帥部(陸軍の参謀本部、海軍の軍令部)はとにかく戦争しか道はない、一刻も早く開戦をと主張していたが、それは天皇の意思と逆の方向だったのである。

日本の軍事組織は、天皇を大元帥とする天皇の命令で動く組織である。そこに文官として天皇を支える者もいないとは言えないが、実際上はいかなる権限も予算も、さらには命令系統さえも曖昧になっていたため、動きの良い軍事組織とは言えなかった。

しかしこの段階で天皇は、近衛の政策に共鳴し、納得し、そしてそれを進めるよう出席者に命じたと言っていいはずであった。とすれば天皇の意思に沿ってこの御前会議での帝国国策要領などの内容を書き直さなければ、天皇主権国家とは言えない。

近衛首相が、あるいは軍事指導者が「陛下のお気持ちに沿って再度国策要領を練り直します」と言って、議案を取り下げるべきであった。そして外交交渉を主眼とした文書を作成し直すべきであった。この御前会議の出席者には、聖慮の権威と権力に公然と背いた、歴史上の責任を負ってもらわなければならない。

天皇が反対しているのに、臣下の者はなぜそれを基に政策の変更を行わなかったのか、という疑問を私なりに感じて関係者を訪ね、話を聞いたことがある。私は太平洋戦争が終わったときは5歳であった。いわば幼児の世代である。しかし30代の後半（昭和50年代の初めだったが）、昭和史を調べていると、この日の決定が戦争への伏線になっていることが確認できた。当時の関係者は何を考えていたのか、そこで存命者を訪ね歩いた。

例えば次のような人たちである。御前会議に出席した鈴木貞一企画院総裁、近衛首相の秘書だった細川護貞、東郷茂徳外相の時代に外務次官だった西春彦、野村吉三郎駐米大使の秘書・煙石学《えんせきがく》、東條英機陸相秘書官の赤松貞雄、さらに参謀本部、軍令部の中堅幕僚たち、陸軍省、海軍省の軍務局の将校、外務省、大蔵省の官僚らその数30人近くに及んだ。昭和天皇の侍従たちにも数人、話を聞いた。

▼戦後の証言でわかった「最大の問題点」

当時の日本社会にあって、国策の決定の最高会議はいうまでもなく御前会議である。しかしこの会議で甲論乙駁《こうろんおつばく》して国策が決まるわけではなかった。前述したが、こと戦争政策に関しては、大本営政府連絡会議での決定を御前会議で追認するのが慣例であった。

大本営、つまり陸軍の参謀本部、海軍の軍令部の責任者たちと政府側（首相、外相、蔵相、陸相、海相、企画院総裁）との会議で決定する仕組みになっていた。出席者たちは天皇の怒りに恐懼《きょうく》したとはいえ、それ止まりであった。これは天皇への背反行為ではないか、というのが私の歴史的見方であった。そこで、このときの出席者たちの本音を探った。そしてわかったのが3点であった。それを箇条書きにする。日本近代史の最大の問題点だからである。

①天皇の意思など関係ない。自分たちの政策が正しいという過信
②官僚組織の権力闘争と縄張り意識の闘い
③国民不在の開戦論を当然とするエリート意識

むろんこの他にも戦争に進んでいった理由は存在する。それは近代日本の軍事組織がバランスの取れた軍事学を確立し得なかったこと、そして天皇自身も次第に軍事の強硬論に抵抗をしなくなったことなども挙げていいだろう。私が当時の中堅幕僚たちから話を聞いて、最も驚いたのは陸軍省や参謀本部の将校たち（昭和50年前後には70代後半から80代に入っていた）が、平然と次のように語ったことであった。

「御前会議で10月上旬に外交交渉が成果を上げなければ、直ちに開戦を決意すると決まったんだよ。天皇さんも出席されての最高会議での決定だ。これほど重い決定はないということだ。だから陸海軍の対米開戦派は、この決定を守れと主張した。東條陸相などは、戦争をしろと言ったのではなく、御前会議の決定を守れと言ったんだね」

10月に入ると、開戦を望む強硬派の軍人たちは「9月6日の決定を守れ」という論を用いて戦争へ傾斜していったのだ。こうした動きの中には天皇の意思を尊重する心理はない。天皇もまたそのことを理解して不安になったというべきであろう。

日本は日中戦争が、いわば泥沼状態に入っていて、軍事指導者たちはただひたすら戦争という状態の中で国益を目指したのであった。10月上旬までの間、近衛と東條の間では何度も微妙なやりとりが交わされるのだが、それは図らずも首相と陸相といった閣内の意見の対立ではなく、近代日本史の天皇側近の思考法と軍人教育が作り出した軍人の歴史観、国家観の対立を如実に示していた。

▼「独裁体制の怖さ」はここにある

御前会議の決定以降、近衛内閣は日米交渉妥結を目指して極めて精力的に動いた。近衛自身、天皇の意思を十分に確認したのだから、とにかく前に進む以外にない。

「敵」は2つの勢力であり、それと戦わなければならない。

1つはアメリカ側を納得させて、国交を維持し続けること。もう1つはひたすら開戦を既定の事実としている大本営の参謀をはじめ軍事上の指導者を説得することである。私は近衛首相はこの2つの問題に誠心誠意で取り組んだと思う。結果的にそのような評価が少ないのは、近衛にとって極めて不本意だとも思う。

アメリカに対して近衛は御前会議の後に日本駐在のグルー大使に会い、3時間余も会談を続けた。お互いに秘書を連れての少人数の会談であった。グルーは、自分は疑いを持たないと言いつつ、日本側の約束や発言を信じなくなっているアメリカ政府の見解を伝えている。日本が交渉を進めながらも南部仏印に武力進駐したことなどを指しているのであろう。

これはアメリカ側が日本の軍事上の動きを批判している内容であった。日本は政治とは別に、軍事が好き勝手を行っているのではないかとのグルーの見方でもあった。こうした報告をグルーから受けたアメリカの国務長官ハルは、近衛内閣との交渉で日本の外交は二重性を持っていると冷静に見ていたのであった。

この会談の後、グルーはハルへの報告の中で、できうる限り首脳会談を行うようにと訴えている。日本の軍部を孤立させるほうが得策だというのであった。ルーズベルトとハルは日本に先に軍事行動を取らせる方が得策であり、国際社会の地図が明確にもなるとし、日本をなおしばらくは交渉に引っ張り込む方が有効だと判断したのである。

一方、近衛は天皇の意思に沿うように、皇族を引っ張り出しては軍事の責任者たちの説得にあたらせていたのであった。例えば9月6日の御前会議以降、10月の初めまで東久邇宮《ひがしくにのみや》稔彦王《なるひこおう》を東條陸相に面会させて、交渉妥結に一肌脱いで欲しいと説いている。そこで東久邇宮は、東條英機に会って懸命に口説いた。戦争ではなく、外交交渉で決着を図るべきだとの内容であった。

具体的には以下のように説いた。

聖慮は外交交渉での解決を望まれている、この交渉に当たっては中国からの撤兵、南部仏印からの撤兵、さらには独伊との三国同盟の形骸化など、日本側が譲歩しなければまとまらない。撤兵とはいえ、今すぐから50年後までと交渉には幅を持たせることができる。そういう妥協的な案を考えてくれないか、という説得であった。

東條は、日本が中国から撤兵を考えるなどというのは全く論外、支那事変を始めて4年、どれだけの努力と犠牲を払ったか、それが無になる、アメリカは三国同盟からの離脱も言うだろうが、そんな信義に欠けることはできない、対米交渉の妥結など無理だと反論する。このように東久邇宮の説得などには耳も傾けない。対米強硬論を繰り返すだけなのである。結局、説得は失敗している。

だが、東條の論は矛盾している。いや指導者として極めて無責任である。東條は、天皇が対米交渉をまとめよと指示し、戦争には反対であると知っている。陸相として近衛と協力して、外交交渉での譲歩すべき点を明確にして軍内をまずは説得しなければならないはずだ。

しかしそうではなかった。軍の強硬派の意見を近衛らの前で主張しているのだ。はっきり言えば外交交渉を潰そうとしているのである。なんのことはない。天皇の意思などに振り回されることはないと考えていたことがわかる。

外交交渉の期限を決めた「10月上旬」が近づいてくると、「歴史」は戦争への道をまっしぐらに進んでいった。では、この段階で日米戦争を嫌っていた避戦派には、どのような指導者たちがいたのだろうか。

まず日本国内では天皇やその周辺、近衛首相をはじめとする文官出身の閣僚などである。政治家、国民はこういう戦争政策を論じていることなど全く知らない。日本の開戦への道筋では政治家は一言も意見を表明する機会がなかったのだ。大本営政府連絡会議、御前会議には議会の代表者は出ていない。独裁体制の国家の怖さはその点にあると、私たちは肝に銘じておく必要がある。

▼近衛と東條の「最終対決の日」

近代日本はアメリカのペリーの砲艦外交によって、鎖国から開国に至った。さらに270年続いた幕藩体制は崩壊して、新たに天皇を主権者とする天皇制国家を創設した。その国家が今アメリカと戦おうとするのである。

このとき、近衛首相と東條陸相の間で交わされたいくつかの「戦争問答」は、歴史的な意味を持っている。どういうことか。

その戦いを避けたい天皇周辺の公家出身の首相と、軍事教育の世界しか視野にない典型的な軍人とが、近代の最も重大な局面で交わす会話は、近代日本史の縮図でもあったはずだ。だが、果たしてそういう次元の高い会話(歴史的に貴重なという意味だが)であったろうか。

10月の初めである。閣議の後、近衛と東條は2人で話し合った。すでに2人の間では感情的な会話が交わされる段階でもあった。「外交交渉がうまくいかないから戦争に」と方向転換を訴える東條に対し、近衛は「軍人とはとにかく戦争をたやすく考えるようだ」と皮肉の口調になった。すると東條は声高に答えた。

「軍人は戦争をたやすく考えると言われるが、国家の存亡の場合には目をつぶって飛び降りることもやらなければならない」

清水の舞台から飛び降りるような覚悟が必要だというのであった。とにかく9月6日の御前会議の結論を覆すことを優先する近衛への苛立ちを隠さなかった。近衛は東條の説得に手を焼いた。最終的には「支那撤兵」を説得しているのだが、それを聞いた東條は「撤兵とは退却です。譲歩し、譲歩し、譲歩し尽くす、それが外交というものか。それは降伏というものです」と激高している。

とはいえ東條に代表される陸軍の意思とは別に、海軍内部にはアメリカと戦いたくないという声も強かった。海軍軍令部は主戦論だが、及川古志郎海相は御前会議の決定を白紙に戻す論の側にいた。しかしその声を大きくは発しなかった。近衛は海軍内部の声を利用することで、東條らの主戦論を抑えようと考えた。

近衛が最終的にこの問題に結論を出そうと、陸相、海相、外相、企画院総裁の4人の閣僚を、東京・荻窪の私邸（荻外荘《てきがいそう》）に招いて会議を開いたのは10月12日であった。近衛の50歳の誕生日である。この日に和戦の決着をつけると覚悟を定めていた。

実は前日に近衛は、海軍側の避戦派と内々の作戦を立てていた。近衛内閣の書記官長（現在の官房長官）である富田健治が、及川海相を密かに訪ねて重要な依頼を行っていたのだ。

日米交渉は今や最終段階であり、中国撤兵などの譲歩も含めて、戦争を避けるために海軍は交渉の続行を主張して近衛と協力してほしいと要請した。協同して陸軍に対抗しようというのである。及川はこう答えている。

「貴下のいうところはよく判る。けれども、軍として戦争できるとか、できないとかいうことはできない。戦争するか否かは政治家や政府の決定すべき事柄であり、開戦と決定されたならば、いかに不利でも戦うのが軍の建前であると思う。従って、明日の会談では海相としては日米交渉を続行するか否かは首相の決定に委すというから、そこで首相は交渉続行ということに裁定してほしい」(『近衛文麿』岡義武)

この言は極めて当たり前の論である。いわば「シビリアンコントロール」の模範的な回答だと言っていいであろう。海軍部内にそのような軍事のあり方(これは当時の民主主義国家では当たり前なのだが)を目指す動きがあったということにもなるだろうか。

しかし当時の日本はそのような体制ではなく、のちに陸軍によって、海軍は痛烈に責められた。海軍が土壇場で「首相一任」ということで責任逃れをしたとか、海軍は戦うために予算を使っているのにいざというときは逃げるのか、さらには海軍指導部は主体的に判断できないのかなど、とにかく陸軍側から徹底した批判を浴びたのである。むろん海軍内部にはアメリカと戦うだけの国力などないとの冷静な判断で事態を見る指導者もいた。当時、連合艦隊司令長官だった山本五十六らもそうであっただろう。

近衛首相と4人の閣僚の会議は、対米交渉がまとまるか否かの論争でもあった。近衛と豊田外相は交渉に望みをかけるべきだと言い、東條はそれに猛反対した。海相の及川は特に発言することもなく、総理一任の姿勢に徹していた。結局、最も象徴的なやりとりは次の文言の中にあった（『日本外交史　23　日米交渉』加瀬俊一）。

豊田外相「（交渉の成否は）条件次第だ。最難点は駐兵だと思うが、陸軍が従来の主張を一歩も譲らぬなら、妥協の見込みはない。多少の譲歩はしても良いということなら、成立の見込みは絶無とはいえない。率直に言えば、御前会議決定は軽率だった。」

東條陸相「駐兵は陸軍の生命だから一歩も譲れない。所用期間は二、三年では問題にならぬ。所望期間は永久と考える。そもそも撤兵を主体とするのは誤りであって、退却を基礎とすることはできぬ。陸軍はガタガタになる。」

近衛首相「この際は名を捨てて実をとりたい。自分は飽くまで交渉を選ぶ。それにもかかわらず戦争をやるというなら、責任は取れない」

3者の意見は見事なまでに食い違っている。つまり近衛内閣は、東條のこの常識はずれの発言に振り回されている。中国への駐兵を「永久」などと言い出すのは、何が何でも戦争に持っていくという軍人の思惑だけしかない。東條のこういう妥協のない姿が、軍内で頼もしく思われたのだから、当時の陸軍は、「国家は我々の手中にある」と極めて傲岸だったということにもなるだろう。

荻外荘会談は何の実りもなく、ただお互いの不信感を増幅させて終わっている。

近衛は、歴史的にはいろいろ批判されることも多いが、自らの首相時代に日中戦争が起こったことにも責任を感じていた。それだけに中国での駐兵はできるだけアメリカ側の要求に沿って進めていき、一定の期間がくれば撤兵するのは当然と考えていたのである。

そうした近衛の思惑を侮辱するように東條が永久に撤兵しないなどと言い出したのは、この交渉を壊すだけでなく、近衛内閣をつぶして新しい内閣で戦争政策を進めようとしていたのではないかとさえ思われるのであった。

▼「10万の英霊の血」という論理

東條の妥協のない戦争への論理は、閣議でも声高に叫ばれ、対米交渉を継続しての解決は無理であることが確認された。近衛を小声で励ます閣僚もいたが、東條の戦争むき出しの言には、恐怖を感じるほどだったとの証言も私は確認した。

なぜ東條はこれほど露骨に対米交渉を壊し、9月6日の御前会議の決定を守れ（すなわち対米開戦）と言うのだろうか。私は東條の評伝を書く際の取材で東條周辺の人物や海軍、政界、官僚たちなどに会っている。そこでわかったことだが、東條の性格は一本気で、妥協とか譲歩、果ては自省などに欠けていた。

加えて他人と議論する心理的余裕に欠けていることも裏付けられた。自分の属する集団の価値観にこだわり、国家的な視点もないことを周辺の軍人でさえも指摘していた。

東條は近衛内閣の一員として、近衛を支える意思はなく、陸軍の強硬派の意見（自らもそれに賛成だったとなるわけだが）を代弁することこそ、自らの役割だと信じていたのだ。東條は近衛や豊田外相、及川海相らの交渉継続派の説得は、自分や陸軍の考えを否定する行為だと受け止める性格であった。だから近衛との対話では「ときには清水の舞台から飛び降りる覚悟が必要だ」と言ったり、慎重な見方に傾く近衛に「性格の相違ですなあ」と言ったり、国事の重要事を話し合っているにもかかわらず、個人的な性格で事を処理しようと試みていたのであった。

中国からの撤兵について、東條は近衛に「10万の英霊の血で獲得した中国での権益を失うことは彼らに申し訳ない」と言ったこともあった。日本の軍事指導者の好む論理であった。しかしここには歴史的な透視図がない。10万の英霊で獲得した権益を守るために、これからもさらに英霊が増えていくのではないかとか、10万の英霊が教えてくれたのは他国の領土を奪うことにこれほどの犠牲を生むのだ、それを教訓とせよということではないか、と考える姿勢に欠けていたことであった。

結果的にどのようになったかは歴史が示している。日中戦争、太平洋戦争で240万の軍人軍属兵士が犠牲になった。実際はもっと多くの戦死者がいたはずであったし、普通の市民も含めると死者は360万人を超えるだろうが実数は不明である。東條の論理の結果というべきであった。

6 天皇の意識の変化

▼陸軍大臣が「首相に会いたくない」

第3次近衛文麿内閣が外交での道筋を目指していたにもかかわらず、結局は総辞職に至り、対米強硬派であった陸軍大臣の東條に政権が渡り、そして日本は戦争の道に入っていった。その流れを丹念に追いかけているのは、日本の戦争への道筋に確固とした信念や理念があるわけではなく、ただ雪崩《なだれ》を打ったように戦争を選択したに過ぎないからだ。日本の戦争決定への国家意思なども、国内政治の争いによって便宜的に方向づけられたと言ってよい。それは近衛首相と東條陸相のいさかいとも言うべき口喧嘩に代弁されていたのである。そういう史実を私たちは、きちんと確認して理解しておかなければならない。

この太平洋戦争に至る道筋で何が大切であったか、何を日本は守ろうとしたのか、そして天皇もまた戦争は避けたいと言っていたのに、どのような心境で太平洋戦争に踏み切ったのか、それを歴史的な視点で大切にしておかなければならない。

大切なことが3点ある。この3点をもう一度精査するためにまずは書いておかなければならない。

①　昭和天皇が戦争やむなしとの方向に進んだのはいつからか
②　なぜ主戦派の東條英機が首相に選ばれたのか
③　最終的に戦争を決意した9人の政治・軍事指導者は何者なのか

この3つを分析していくと日本が戦争に引き込まれた理由もわかってくる。戦争を選択したことで国家滅亡の結果もあり得たが、そういうときの日本の軍事、政治指導者たちの歴史的無責任さも改めて整理しておく必要があるようにも思えるのだ。国民の生命と財産は、こういういささか無責任というべき指導者たちによって踏みにじられたのである。国民はそれを忘れてはいけないということであろう。

イギリスで『(邦訳)第二次世界大戦人名事典』(永沢道雄訳)が刊行されたが、近衛については「日本の和平追求派の一人」とあるのに対し、東條については「世間知らずの視野の狭い軍国主義者」とあった。それが国際社会の評価だったのである。

近衛首相と東條陸相の対立が決定的になったのは、10月14日の夜であった。前述の荻外荘会談の2日後、閣議の前に近衛は東條を官邸に呼んで撤兵への再考を促した。

東條は相変わらず、この問題では譲れない、永久駐兵でなければならないとはねつけた。近衛は懇願するように、国家はときには相手の言い分も受けなければならない場合があると諭した。東條は、それでは軍の士気が下がると応じている。先の『第二次世界大戦人名事典』の表現を借りるならば、まさに和平追求派が視野の狭い軍国主義者に屈服したという構図である。どこの国にもある構図とも言えるのだが、日本的な特殊性として一因を挙げるなら、国家の帰趨がかかっている重要事にもかかわらず、人間的感情の対立で事態が壊れてしまうというお粗末さが指摘できるのだ。双方に責任感が希薄すぎたということになろうか。

この日の閣議で東條が中国撤兵は論外と檄を飛ばした。そして夜、近衛の私邸を企画院総裁の鈴木貞一が訪れた。東條からの伝言を伝えに来たというのである。鈴木はもともとは軍人だが、青年将校時代に東京帝大に委託学生という名目で、経済学を学ぶ体験をしている。軍内では経済に強い軍官僚とされていた。士官学校で東條より4期ほど下に当たる。

鈴木が近衛に伝えた東條の伝言内容はほぼ4点に絞られる。

①海軍は戦争を欲しないようだが、それを我々に伝えない
②これでは9月6日の御前会議の決定は意味をなさない
③こういう状態では首相、陸海相、参謀総長、軍令部総長は輔弼《ほひつ》の責任を果たさないから辞職する
④政策を根本から改めなければならないが、今や臣下の者より、東久邇宮殿下を後継首相にして政策の練り直しを進める

という点になる。その上で「このうえ首相に会っても感情を害するだけだから、会いたくない」（『日本外交史23』加瀬俊一）という内容であった。閣僚が首相に会いたくないというのなら、近衛はすぐに総辞職して新たに別な人物を陸相にして組閣し直せばいい。しかしそんなことは事実上できなかったのだ。陸相には陸軍側からの推挙が必要だが、陸軍は近衛に

組閣させまいと考え、新たに人物を推してはこないであろう。近衛は東條との対立で動きが取れなくなってしまった。全ては9月6日の御前会議の折にもう一度振り出しに戻しておけば、東條のような牽強付会《けんきょうふかい》の言い分などは通用しなかったのだ。

陸軍強硬派の意を受けた形のテロや、陸海軍内部の交渉派と開戦派の内乱が囁《ささや》かれる時代に入っていた。近衛は嫌気がさしてその職にとどまることを諦め、天皇に辞職を伝えている。

▼爆殺、テロ計画の標的に

東條陸相の伝言は、国家が対米英蘭戦争を選択するための脅迫状のようなものであった。国民の命がこんな無責任な指導者に託されていたことはこの国の致命的な過ちだったのだ。

さらに当時の軍内の動きを調べていくと、もし近衛が対米交渉にこだわり、アメリカとの戦争を避けることが明らかになったら、テロで狙われたり、陸軍の一部部隊が対米開戦を要求してクーデターを起こすという噂が囁かれたりした。実際に天皇は、もし自分が戦争に否定的な考えを表面化していたなら、テロの対象になっただろうと側近に漏らしているほどなのである。

実際にそういう動きがあったのかという疑問を持って、私は当時の侍従や陸軍省軍務課の政治担当将校、そして憲兵隊関係者などの証言を求めた。昭和40年代後半から50年代初めにかけてのことである。

公にはなっていないが、陸軍内部の対米主戦派にはそういう動きがあったと言われている。当時の軍内部の謀略に長《た》けた将校によると、近衛が日米交渉のためにアメリカに赴く場合、横浜から出港することになり、そのときは東京から横浜に向かう列車を途中で爆破する計画があったという。近衛を殺害し、会談を中止させようというのである。

この種の不穏な計画はいくつかあり、皮肉なことに東條もその標的とされていた。すなわち、東條が開戦を弱めることを言ったら彼もテロの対象にはなっていたというのだ。テロの噂は東條の元にもいくつか届いており、東條が近衛に対して強腰に出たのは、そのような脅しへの恐怖と裏返しになっていたというべきなのであろう。

東條が恐れたのは昭和10（1935）年8月の軍務局長室での永田鉄山斬殺事件だったという。白昼公然と軍務局長室で斬殺事件が起こった。その二の舞いを恐れていたのである。東條は自らが軍内の過激な対米強硬派の意見を代弁しながら、その一方で常に怯えている状態だったのだ。

近衛が辞職願を出した後に、木戸幸一内大臣と天皇は協議して陸相の東條英機を総理大臣に任命した。この人事は結局は誤りであったと歴史上では総括されている。近衛内閣の出口を塞いで辞任に追い込んだ、そういう人物をなぜ2人は帝国興亡の最終段階に選んだのであろうか。

▼「あの男なら陸軍を抑えられるだろう」の誤算

陸軍の強硬派を代弁していた東條英機が、首相になった(昭和16年10月18日)のは確かに不可解なことであった。近衛が総辞職したときには、近衛も東條も次期首班は東久邇宮を想定する形で事態を見守っていた。近衛は東久邇宮に会って、首相のポストに就く気があるか否かを確かめている。そして内諾を得ている。天皇も了解して、東久邇宮に大命降下すると予想された。

東條にしろ、近衛にしろ、この段階で東久邇宮を推したのは、外交政策に傾くには陸海軍の強硬派を抑えなければならないが、その力は臣下の者では無理であり、皇族が天皇の威を借りる形で大胆な政策転換を目指そうという腹づもりであった。歴史的に見れば、東條と近衛の対立を天皇の側に解決させようとの意図があった。そこには東條の狡猾さと無責任、そして近衛の責任放棄が見事なほど鮮明に浮かんでいる。

これまでの歴史検証ではこの構図を曖昧にしていたが、歴史的には私たちはこの点をはっきりとさせておかなければならない。

近衛は木戸幸一に対して、東久邇宮を次期首班にとの意見を伝え、天皇の了解を得るように述べた。ところが木戸は、この案に不信感を持った。強硬派と交渉派、あるいは陸軍と海軍の対立解決を天皇に委ねて責任を放棄するのが近衛や東條の意思であろうと見抜いた。もしここで戦争ということになったなら、天皇は国民の恨みを買うかもしれない、だから皇族内閣などはとんでもないと考えたのだ。

9月6日の御前会議の決定を白紙にするには、天皇の意思を正確に理解して、強硬派を抑えることのできる人物、そしてこれまでの経緯を知っている人物が好都合ではないかと考えた。すると東條陸相か、及川古志郎海相の2人のうちのどちらかでなければならない。

木戸はこの考えを近衛に伝えた。近衛も、なるほどとうなずき、それならば東條にさせるがいいだろう、あの男なら陸軍の強硬派を抑えるだろうと答えている。こうして木戸は次期首班を決めるための重臣会議（首相経験者などで構成する）を開いて、自説を披歴した。あえて東條を起用し、陛下から御前会議の白紙撤回を条件とするように命じる、というのである。

博打《ばくち》に等しい決定だったというべきであった。

つまり、これまで対米英への強硬論を代弁していたのを逆に変えるようにと命じられての首相就任であった。

東條は自分が首相になるとは全く考えていなかった。秘書の赤松貞雄によるならば、天皇の元から戻ってきた東條は体を震わせて、言葉を発することができなかったという。そして陸軍省には戻らずに明治神宮、東郷神社、靖国神社へと車を回しながら、「大命降下」を受けたことを声を震わせて語ったというのだ。赤松も驚いた。

東條は天皇から叱責されるのではないかと不安に思っていたのだ。それは自分の主張が天皇の意思に反するのだと知っていたことになる。ただし天皇の考えで、陸軍をまとめてみろと命じられたとも解釈することができた。

東條が首班に任命されたことはすぐに広がった。知らせを聞いた陸軍省軍務局長の武藤章をはじめ対米交渉に望みをかける軍官僚たちでさえ「天皇は戦争を決意したのか」との判断を持った。

しかし陸軍省に戻ってきた東條から話を聞き、御前会議の決定を「白紙に還元する」ということでの首相就任にうなずいた。武藤らは、自分たちはその方向で東條を支えなければならないと気づいたのであった。逆に対米英強硬派の軍官僚たちは、天皇が自分たちの望んでいる即時開戦に舵を切り、そのことを進めるための東條の首相就任だと喜んでいた。

実際に東條は和平派のそぶりを隠すかのように、首相になってすぐに、太平洋での日本の軍事政策は変わらないと強腰の演説を行っていた。東條の個人的性格は「敵」に弱みを見せられないとの一点に集約できた。いかにも軍人宰相として強く出るのが役目であると考えているような演説であった。

アメリカは東條が首相になることに、最大限の対抗措置を取るのが当然と見ていた。すぐにアメリカの太平洋艦隊が警戒体制を敷いたが、戦争を意識した演説内容ではないと判断して通常の警戒体制にレベルを落としている。

アメリカ政府は首脳会談は自然に解消されたとみていた。ルーズベルトは、近衛ならまだしも東條とは話し合いにならないと判断して、相手にしなかった。近衛のときの約束は一つずつ壊れていき、日米関係は次第にゆらぎの伴う吊り橋のような不安定な関係へと変化していった。外務省から駐米大使館への電文で、日本は焦っていると、ルーズベルトもハルも日本の交渉態度の変化を見抜いていた

▼追いつめられた天皇、「戦争やむなし」へ

東條内閣の成立時に、この人物は危険だと主張すると、マークされる懸念があったという。つまり東條は特高警察や憲兵隊を動かして自分に敵対する人物や組織を徹底的に監視し、リストを作り上げていた。逆にそのリストの中に組み込まれていた人物の東條批判は徹底していた。東條は天皇からの白紙還元という条件を無視する結果になった。こうして反東

條の動きがつぶされ、そして天皇も非戦からやがて「戦争やむなし」に変わっていった。

このとき、東條を論評する「虎穴にいらずんば虎児を得ず、だね」との天皇の言葉は、複雑な心境を表しているとも言える。

天皇が究極的にアメリカとの戦争もやむを得ないと決意するまでに、いくつかの段階を経ていることがわかる。その心理を見ていくには、『昭和天皇独白録』や側近の回想録などで分析が可能であったのだが、平成27（2015）年から刊行された『昭和天皇実録』（全19巻）が新たに加わることで、より鮮明になっている。

「開戦反対」の気持ちは、近衛が辞めて東條に次の首相を託したときにも変わらなかった。いや、より強い感情になっている。その感情は、東條内閣での初めてとなる御前会議（11月5日）の前まで続いている。

この会議の前後から、天皇は戦争に反対の感情から、「やむを得ないのか？」と言った懐疑の心境に入っている。東條の報告は、開戦と外交で検討を続けたが、やはり開戦でないと日本は自存自衛できないというのであった。天皇はそれまでの反対一辺倒から少し態度を変え始めた。天皇も次第に追いつめられていたのである。

ここでもう一つ触れておかなければならないことがある。近代日本史を担った明治天皇、大正天皇は、戦争には極めて慎重であった。他の表現で語るなら、戦争は避けたいと考える傾向があった。

なぜか。明治天皇の場合、近代日本になって初めて、この国は天皇の責任において対外戦争を始めることになったのである。どういうふうに処したらいいのかという先例の教えがない。明治天皇が日清、日露の両戦争の開始に怯《ひる》んだのはまさにそのためであった。大正天皇とて、第1次世界大戦に送られた兵士を思う漢詩を詠んでいる。もし敗戦になれば、自らの御代に天皇制が崩壊してしまうのではないか、との不安を持ったとしても不思議ではない。

こうしたことを前提に考えていくと、11月5日の御前会議の前に東條英機首相は、天皇の意思に関係なく国策は戦争に傾いていることを告げた。天皇は、そのあとに統帥部の責任者である参謀総長の杉山元と軍令部総長の永野修身を呼んで軍事の様相を丁寧に質している。『昭和天皇実録』からの引用になるのだが、このときに天皇と永野の間に次のようなやりとりがあったように書かれている。

「軍令部総長に対し、海軍の作戦開始日を御下問になり、十二月八日月曜日とする旨の奉答を受けられる」

天皇は開始日をこのときまで知らなかった、と実録は明かしている。天皇はこの御前会議の前後に、避戦と開戦の心情が五分五分になったと言っていいであろう。天皇は覚悟を決めたのであろうが、しかしその裏には政治、軍事の指導者たちの巧妙な計算があったと言っていいように思う。

奇妙な言い方になるが、天皇はほとんど現実に動いている政治や軍事の動きを知らされていなかったことになる。軍官僚たちは巧妙に、その動き（開戦への道筋）を天皇に隠しての論を伝えていたのである。

▼軍人だけが動かせる「天皇の軍隊」

この断絶は何を意味しているのであろうか。

あえて2つの見解を述べておこう。1つは、軍官僚たちが開戦決定に天皇の意思など当初から無視をしていたこと。もう1つは、軍官僚が天皇という存在の実相を見抜いたこと。つまり天皇の置かれた状況は、我々の認識でいかようにも変わるのだと傲岸に考えていたことだ。もっとはっきりいうならば、「天皇の軍隊」ではなく、「我々の動かす天皇の軍隊」と考えていたのである。

天皇の心理を見ていくときに、軍事指導者がいかに昭和の初期から中期にかけて、天皇を軽く見ていたかがわかる。昭和3（1928）年の満州某重大事件（張作霖爆殺事件）に始まり、二・二六事件までの軍事の起こした事件の内実を見るとそれが理解できてくる。さらに昭和10年代には、指導者の上奏内容に虚偽の事実が混じっていたことがすでに明らかになっている。

天皇がある時期に限れば、東條を信頼したのは意図的に嘘をつかなかったこと、天皇の前で揺るぎのない態度に終始したこと、である。しかし東條の最大の欠点は、この11月5日の御前会議以降に次第に明らかになっていくのだが、「お上に託されている職務に専念している自分に抗することはお上に逆らうことである」と独自の論理を作り上げて、戦争への道を歩み、戦争指導を行ったことだ。その独善がこの軍官僚の最大の欠陥でもあった。

もし東條がいかなる反対があろうと天皇の意思を貫こうとしたのなら、11月5日の御前会議は「対米交渉に専念し、これまでの戦争政策案は放棄する」との結論をまとめるべきであった。しかし東條にはそこまでの天皇への忠誠はなかったのだ。

天皇を戦争に賛成せしめたのは東條だと、軍内の強硬派には歓迎された。確かにそれは事実であっただろうが、東條は天皇の避戦の立場を変えたことに、強い自責の念を持った。

〈自分の責任で戦争に勝つ〉

東條はこれを目的にした。東條独裁の心理的根拠である。天皇もひとまずそれを黙認した。

▼真珠湾攻撃までの騙し合い

繰り返すことになるが、日本で対米交渉の内幕を知っている者は、外交関係者と政府関係者、それに大本営政府連絡会議に出席している政治、軍事の指導者しかいなかった。真珠湾を攻撃した日（12月8日）に東條の秘書官だった赤松貞雄でさえ、この日に戦争が始まることを知らなかった。「秘密は徹底的に守られたのですね」と東條に言うと、東條は「東條内閣は秘密保持では他の内閣と全く違う」と得意げだったと赤松は証言していた。

アメリカが罠を考えていたにせよ、日本も巧妙に二枚舌をつかっていたと国務長官のハルは見ていた。どちらの罠が歴史に悪名を残すことになるのだろうかという戦いが、日米交渉の裏側で続いていたのだ。

こうして11月半ばからは、お互いに騙し合うという戦いに転じていた。真珠湾を叩くという軍事の前に、実は人間的な騙し合いが激烈になっていたのだ。

それぞれがどのような神経戦に入っていたのか。それを見ていくことにしよう。

日本側は外交交渉が12月初めまでに成功すれば、戦争準備に入っている軍事行動を停止するとの方針を定めた。そのために甲案、乙案を決定し、それを順次アメリカ側に示すことにした。乙案は日本の譲れない線で、日本側が譲歩したかにみえる案であった。しかし南部仏印進駐に抗議するアメリカに示した案の焼き直しであり、「当時の客観的情勢を無視した誠に虫のよい案」（『馬鹿八と人はいう』有田八郎）であった。

ほとんど望み薄の外交交渉とは別に、軍事はXデーを目指して具体的な準備を進め、連合艦隊も開戦に備えて極秘の動きに入った。こうした戦争準備を寸分もアメリカ側に知られてならないというのであった。

一方でアメリカは、日本の動きのほとんどを正確につかんでいた。日本から来栖三郎が来ることも、彼が密命を帯びていることも知っていた。ハルは自らの回想録に書いている。

「毎日、短波で放送される日本語放送の天気予報を聞けば、風の方向によって米国、ソ連、英国のどことと外交関係を断絶するかがわかることになっていた」

風の方向によって戦争開始を知るというのは、アメリカにとって大きな収穫であったのだ。「東の風、雨」が2回続けばアメリカとの戦争が始まり、大使館は今すぐに暗号書や機密文書などを焼却してしまえ、との命令であった。

「北の風、曇り」との放送は、対ソ戦の開始日である。「西の風、晴れ」の場合は、イギリスとの戦争に踏み切ったという意味である。そういう段階に達したら、対米英戦はもう引き返せない。アメリカ側もそれに合わせて戦争へのレベルを高めていく。日本は騙し合いで勝ち目がなかったと言うべきであった。

▼最終的な罠「ハルノート」

この騙し合いが具体的になったのは、11月20日からと言っていいだろう。この日からほぼ1週間は、お互いに腹の探り合いに終始していくことになった。むろんその結果は見えていて、日本はいいようにあしらわれていたという状況でもあったのだ。

野村大使は11月7日に、本省の訓令に基づいてハル長官に甲案を渡していた。近衛内閣の政治姿勢を変えるのかとの疑問を表す提案でもあった。開戦時期が迫っていると焦る東條内閣は、甲案を諦めて乙案をアメリカに示すよう野村に示した。それが20日であった。

ハルはノックス海軍長官、スティムソン陸軍長官、マーシャル参謀総長、スターク海軍作戦部長らと連絡をとっていたが、彼らはもうしばらく日本軍が行動に出ないようにして欲しいと伝えてきた。そこでハルは国務省スタッフと共に新たな提案を含む10項目の「平和的解決の大綱」の作成に取りかかった（これがいわゆる「ハルノート」である）。

11月22日に野村大使と来栖三郎特命全権はハルを訪ね、乙案についての内々の反応を求めた。2人が焦っているのを、ハルは見逃していない。25日までに交渉をまとめたいと思っているからだ。ハルはあえて意見は述べないと突き放した。そうした態度を取ったのは、この日の2人への本省からの電報を傍受して、25日の期限を29日に延長しても構わないとなっているのを確認していたからでもあった。そしてそのあとは戦争であると、この電報は伝えていたのである。

ハルは傍受電報が「(29日の)あとの事態は自動的に進むことになる」と断言しているのを何度も心中で呟いていた。野村や来栖と同じ情報を持ちながら、交渉を続けることのおかしさや苦しさに耐えるのも外交官の務めだと理解していた。

野村がその絶望を最終的に味わったのは、11月26日であった。この日、ハルは野村と来栖を国務省に呼び、いわゆるハル・ノートを2人に手渡した。これが日本側から渡されていた2つの案(甲案、乙案)に対する回答でもある、と伝えている。このハル・ノートについては、「十箇条の平和的解決案」とアメリカ側は考えていた。日本の軍部が常識を取り戻すことに希望をつなぐ案であり、「交渉を継続しようとした誠実な努力」の表れであったと、回顧録では自賛している。しかし実際には傍受電報をもとに、日本に軍事行動を取らせようとの意図的な罠ということができた。野村はその罠にはまる役を演じさせられたのだ。

▼「これで開戦、めでたしめでたし」

ハル・ノートを突きつけられた日本は、政治と軍事の指導者がまさに混乱状態になって戦争に突入していくのだが、その2週間足らずの道筋は極めて軽率で、そして感情的であった。

東條内閣の主要閣僚と参謀本部、軍令部の軍事指導者たちは、このハルノートで、開戦に行き着くことになったと覚悟した。そして昭和天皇はいかなる心理状況になったのかを、整理しておこう。

ハルノートを受け取った段階では、天皇は戦争を決意していない。外交交渉での平和希求の精神と、戦争はやむを得ないのかという不安と心中で戦っている段階である。軍人たちの言い分に十分には納得していない。『昭和天皇実録』にはハルノートが日本側に手渡された前後の天皇の心理に深い記述はない。臣下の者が戦争に傾斜するのを複雑な思いで見ていたのかもしれない。

しかしハルノートで戦争に傾斜する日本の指導者たちは、天皇のこの戦争に取り組む姿勢を強めるために、必死にアメリカの非を訴えていく。

だが、昭和天皇は確かに政治、軍事指導者たちより冷徹に事態を見つめていた。対米外交に浮足立って、もう戦争以外にないといった興奮とは一線を引いていた。

これまで昭和天皇は好戦主義者だと決めつける論があった。戦争を実質的に牽引していったというのであった。戦後社会にあって、特定の史観に基づく歴史記述は、もっぱらこの側に立っての論を展開した。

その一方で、天皇を平和主義者とみて軍部が戦争政策に強引に引きずり込んだとの見方を提示する論者もまた多かった。好戦主義者か、平和主義者かの論争に発展するケースもあり得た。

私はこのいずれも間違っているとみている。昭和天皇にとって、重要なことは「皇統を維持する」ことである。自らの代に君主制が潰れるようなことがあったら、皇祖皇宗に申し訳が立たないというのが、基本的な立場である。

ということは皇統を守るためには戦争も是認する、しかし皇統が危機に瀕するような状態に至るなら戦争はいかなる理由があろうとも避けなければならないと考えるのは当然のことである。

こういう状況を土台に据えながら、天皇の心理が「戦争やむなし」から「断固開戦」に変わっていったプロセスを検証すると、この国の「天皇制の脆弱性《ぜいじゃく》」が浮き彫りになってくる。軍人たちは天皇制を形骸化することで戦争への道筋を明確にしていった。

むしろ天皇はハルノートについて東條や東郷から説明を受けたが、意外なことに天皇の心中は各種の前述した書では明らかにされていない。天皇の心中での戦いはまさに開戦直前まで続いていたように、私には思えるのだ。

日本の各機関にハルノートの全容が、野村大使から伝えられたのは、11月26日の夜半から27日の朝にかけてのことであった。日米戦争を待望している軍事指導部に列する者は、ハルノートの内容に欣喜雀躍《きんきじゃくやく》であった。

参謀本部戦争指導班の日誌（「機密戦争日誌」）のこの日（27日）の記述の中には、「之にて帝国の開戦決意は踏切り容易となれり芽出度芽出度《めでたしめでたし》　之れ天祐と言うべし」（原文は片仮名）という一節さえあった。ハルノートの内容に日本は到底受け入れるわけにはいかない、全く話にならないという態度であった。

実は東條もそういう態度であった。戦後の東京裁判で、東條はハルノートの電文を見せられると、これが戦争の原因になった、忘れることはできないと興奮状態になった。つまり日本が戦争を開始したのは、このハルノートのせいなのだと繰り返した。そういう理解であったから、天皇にどのような口ぶりでこのアメリカ側の回答を伝えたかは容易に想像できる。

▼戦争選択の論点を新視点で読み解く

ハルノートを受け取った日本側は11月27日に大本営政府連絡会議、28日には閣議、そして29日には重臣会議を開いて、事ここに至っては開戦しかあり得ないとの政府方針を、政治、軍事指導部に列する者はたっぷりと聞かされた。

こうした会議の開催は、天皇の示唆によった。東條は27日の大本営政府連絡会議で「対米交渉は失敗した」との確認を取った。それゆえに11月5日の御前会議の決定通り、すぐに開戦の方向に舵を切って構わない立場であった。しかし天皇は、ハルノートの内容については意見を述べなかったにせよ、もう一度、御前会議を開け、重臣の意見もたっぷりと聞く機会を設けろ、という具合に「連絡会議で開戦決定するだけでなく、もっと広く意見を聞くように」と注文をつけたのであった。いずれにせよ天皇はこの期でも迷っていたともうかがえる。

そしてもう一度、戦争政策確認のための御前会議の開催を希望したのであった。その意思に沿って、12月1日に再度開戦の決意を固めることも決められた。こういう経緯を見ていくと、後述するように天皇の心理は3段階を経て開戦を容認していったことがわかる。

あえて繰り返すのだが、対米英蘭戦争の開戦はこれまでハルノートを突きつけられて、どうにも対応ができなくなった日本が、やむなく戦争を選んだと理解されてきた。しかしそれは同時代の見方であり、もっと多角的に分析しなければならないように思う。つまり歴史的にという視点こそ大切なのである。

あらかじめ新視点の論点とはどのようなものか、箇条書きにしておく。

①　昭和天皇の開戦の意思を明確にして、臣下の責任を考える
②　戦争決定の母体となった大本営政府連絡会議の出席者を点検する

③　ハルノートは最後通告であったのか、それを否定する論者の見方
④　第2次世界大戦下での世界指導者の時代ビジョンの分析と日本

さしあたりこうした点を見ていくことで、あの戦争は日本にとって真に必要であったか、の問い直しが求められる。むろん現実には日本は戦争を選択したのだから、必要だとの論点はあったわけだが、その論点をこの4点に絞って見ていくと、「必要」の意味がかなり無理を重ねていることがわかる。それを歴史的教訓と見ていいわけである。

さて、まず見ていくべき論点が、①の「昭和天皇の開戦意思の確立」である。

昭和天皇は「対米英戦争に絶対反対」「開戦やむなしに傾くも懐疑的心理」「開戦を全面的容認」というような3段階を経ていた。そして最終段階の開戦の容認は、意外なことに真珠湾攻撃の1週間前の12月1日の御前会議であったのだ。

▼覚悟を決めた天皇の願望

この日の御前会議はこれまでと異なって、いつも出席する6人の閣僚の他に、7人の閣僚が加わった。日頃は開戦論議に口を挟むことのできない閣僚も天皇と椅子を並べたのである。これはむろん天皇の意思による例外的な措置であった。

この会議で天皇の意思を代弁して軍事と政治指導者に質問を行ったのが枢密院議長の原嘉道であった。この質問の中に図らずも天皇の本意が表れていた。例えば原は、4年以上も続く「支那事変」を克服してきた国民にさらに苦難を与えるのは忍びないとの天皇の気持ちを伝えている。その上で「なるべく早期に戦争を終結することを考えておく必要がある」との言も出席者に命じている。いわば開戦を認めるが早期の終結を考えよ、との意思が自らの本心だと天皇が伝えたと言っていいだろう。

天皇が開戦を決意するまでに、3段階を経たと書いてきたが、この12月1日の御前会議の原の発言は、天皇が全面的に開戦を容認する、つまりこれまでの絶対反対が覆った宣言だったのである。天皇は万が一戦争に敗れて、天皇制の危機的状況が訪れた場合に備えて覚悟を固めたと言っていいだろう。

しかし、天皇は政治と軍事の指導者に2つの約束を迫っている。ひとつは、「国民にこれ以上の辛苦をなめさせるな」であり、もうひとつは「早めに戦争を終えろ」という強い願望である。天皇のこの命令は何にもまして重い比重となるはずであった。実際はどうだったろうか。

軍人内閣や統帥権の独立を掲げた軍事組織はこの2つを守るどころか、天皇の考えなど知ったことかとむしろ国民に一億総特攻や玉砕を鼓吹して、犠牲のみを要求したのであった。天皇の願いなど全く無視したのである。この点の責任は大いに問われなければならない。

御前会議の終わった日の夕方、東條は開戦の日に発表する「開戦詔書」の文案をもって天皇の元に行っている。『実録』のその部分を見ていくと重要なことがわかる。つまり日英関係は特に大切なのに戦争になってしまう、自分は全く不本意だとの一節を入れてほしい、と天皇は望んでいる。そこでこの詔書には、「豈《アニ》朕カ志ナラムヤ」という一節が加えられた。天皇は軍人たちとは距離を置きながら、不安な面持ちで真珠湾攻撃までの1週間を過ごすことになったのである。

そんな不安をよそに、臣下の者はひたすら開戦のための準備を進めていた。東條内閣は開戦の報が漏れるのを恐れて徹底した秘匿工作を行っていた。前述したように東條の秘書官さえ当日まで真珠湾攻撃を知らなかったほどだった。しかし、アメリカ側には全てが筒抜けだった。

ハルの回顧録を中心にアメリカの指導者たちの対応を確認しておこう。

ハルによると、アメリカ側は11月30日（日本時間）に東條が大政翼賛会で行う演説の内容を事前に知っていたという。その内容は、「英米がアジアの民族を嚙み合わせて東亜の支配権を握ろうとしている、我々はかかる勢力を東亜から追い出す」と勇んだ内容であった。ハルがなぜこの演説内容を事前に知ったのかは不明である。あるいは日本の外務省が野村宛てにこういう演説を行うと伝えたのかもしれない。戦争に向かっていると知らせるためにである。

とにかくこの内容を確認したハルは、国内遊説に出かけていたルーズベルト大統領に「日本の攻撃の危険が迫っていることを強調し、ワシントンに帰る日を早めるように進言した」という。大統領はすぐにワシントンに戻ってきた。それが12月1日の朝だった。

その頃、野村吉三郎と来栖三郎が国務省にハルを訪ね、「大統領が予定を早めてワシントンに帰ってくるのはなぜか」と尋ねたという。ハルは、2人が東京から「大統領がワシントンにいない方がいい、うまく騙して交渉を続けているように見せかけておけ」との訓令を受けているのだなと受け止めた。「いや、東條の激しい演説に対応するためにワシントンに戻ってくる」とハルは答えている。

ハルは日本軍がアメリカのどこに、どのような形で攻撃を仕掛けてくるのかを知るために、日々のマジックを詳しく分析した。どこかはわからないが、日本海軍が南進を始めていることを、アメリカの軍事部門はつかんで、ハルに報告している。

12月5日（ワシントン時間）に、ハルは東京をはじめ、極東各地の外交代表に宛てて訓令を出している。緊急時には秘密文書、旅券、暗号解読書の焼却、事務所の閉鎖、現地雇員の解雇を行えとの内容である。日本軍の行動は迫っている。全ての暗号解読がそれを裏付けている。

ルーズベルトとハルは、天皇に平和を願うメッセージを送るときが来たと判断した。かねて用意していた最大の罠である。

▼日本を「侵略者」として歴史に刻もうとする罠

ハルはワシントン時間で12月6日の午後9時（日本時間は12月7日午前11時）に、東京の駐日大使館に電報を打ち、このメッセージの内容を天皇に伝えよと命じている。そして通信社を通じて、世界にこのニュースを流している。

日本語に訳すと2000字足らずの文書だが、そこには「私が陛下にこの書を送るのは、陛下もまたこの危局に於いて暗雲を払い除ける方法を考えてほしいからである」という意味の一節もあった。具体的に南部仏印からの撤退などに触れていたが、特に目立った内容というわけではなかった。

ルーズベルトやハルの思惑は、日本が近日中に軍事行動に走るであろうが、その土壇場までアメリカは戦争を回避したというアリバイを、歴史に刻むためであった。平和を望むアメリカに対して、日本は一方的に、しかも自国エゴを丸出しにして、戦争を挑んできた侵略者であるというレッテルを貼らせようとの意思があった。

しかも悪いことに、日本はそういうレッテルをさらに自分たちで補完してしまったという事実も残ったのである。国際感覚の欠如がアメリカ側の貼ったレッテルを補うといった失態を、私たちは史実として知っておかなければならない。

この電報を日本側はどのように受け止めたのか。その経緯を明らかにしておきたい。ルーズベルトが天皇に親電を打ったというニュースは、日本国内にも同盟通信を通じて知らされた。むろん一般市民に報道されたわけではない。関係機関に密かに伝えられたのだ。東郷外相はワシントンの野村大使に問い合わせたり、日本では宮内省に問い合わせるなど八方に聞き回っている。着いていないとの返事をもらい、アメリカ側は親電を送らないことにしたのだろうと推測した。

そういう東郷の元に駐日大使のグルーから電話が入った。

グルーが電話をしてきたのは、12月7日（日本時間）の午後10時15分ごろであったという。その内容は、今ワシントンから着いたルーズベルト大統領の天皇宛ての電報を解読中だが、天皇に拝謁したいというのであった。とにかく東郷は会うことにして、グルーを待った。グルーが外務省に、その親電を持ってやってきたのは日付が変わって8日の午前0時半であった。

東郷は拝謁は無理だと断っている。そしてグルーを帰している。

そこで東郷はまず宮内大臣に連絡して、上奏の連絡をしている。そのあと首相の東條英機に会うため官邸に赴いて、親電の内容を説明した。2人はともかく善後策を練った。このとき東條は「この電報がもっと早くに着いたら大変なことになっていた。ゴタゴタしたであろう」と漏らしている。これは重要なセリフであった。日本国内で陸軍の参謀たちが好き勝手に国策を動かしていることが、明らかになるセリフであったのだ。

東郷は、東條と打ち合わせした通りに動いた。宮中で天皇と会いルーズベルト大統領の親電を読み上げた。太平洋に平和を希求しているとの内容は、天皇も納得できたであろうが、しかし現実はそれとは真逆の方向に進んでいるのであった。そういう天皇の複雑な心理にとどめを刺すように、東郷は東條の指示通りに「この内容を拒否する」といった回答を返したいと伝えている。天皇は了解した。東郷が天皇の前から退出したのは、8日の午前3時15分を回っていた。この数分後に、連合艦隊の空母から飛び立った第1次攻撃隊が真珠湾攻撃を始めたのである。

ルーズベルト親電は、つまりは何の役にも立たなかった。攻撃時間を遅らせたり、対米交渉を天皇のレベルに引き上げてもう一度やり直すことなどは考えもされなかった。冷静に考えれば、なぜアメリカがこういう手を打ったのかを検討してもよかったのに、そういう動きは少しもなかった。

東條がいみじくも漏らしたように、この親電がもう少し早く着いていたらゴタゴタが起こっていただろうというのは当たっていた。実際に、この親電は15時間近くも前に日本の中央電信局に着いていていたのに配達されなかったのである。意図的に参謀本部の参謀たちが妨害したとも言える状態だったのである。

真珠湾攻撃時の日本側にはいくつもの歴史的失態がある。そのため日本は、国際社会のルールなど守ろうとしない侵略国家のレッテルを貼られてしまうことになった。

▼どうして大統領からの電報は遅れたのか

ルーズベルト大統領の親電がなぜ15時間近くも遅れてアメリカの駐日大使館に届いたのか。その内幕を丹念に見ていくと、日本の政治上の欠陥がいくつか浮かび上がってくる。

アメリカ側は前述のように日本時間12月7日の午前11時にワシントンから東京に宛てて親電を打った。日本の中央電信局に着いたのが7日の正午である。局員はすぐに大使館に配達しなければならない。午後1時までには大使館に着いていたであろう。ところが配達されたのは午後10時過ぎであった。

駐日大使のグルーは、すぐに東郷外相に会見を申し込んでいる。親電の暗号を解読して東郷のところに持ってきたのは、午前0時半であった。つまり駐日大使館は2時間15分ほどで親電を天皇に上奏する文書にしていた。

ということは午後1時に着いていたならば、午後3時過ぎには親電を東郷のところに持って行くことができたわけである。日本の政治、軍事指導者たちは混乱を極めたことであろう。東條がいうように、ゴタゴタが起き、アメリカの最高指導者が直接天皇に太平洋の平和な状態を呼びかけてきたのだから、天皇周辺の人たちも軍事行動を一時的にセーブする方向に走ったかもしれない。日本時間8日の午前3時過ぎには真珠湾を攻撃する予定の連合艦隊とて、まだ具体的な攻撃態勢に入っていたわけではないので、その攻撃に「少々待て」の連絡を送ることは可能であった。

しかし現実には、親電は午後10時過ぎにアメリカ大使館に配達された。東郷外相が天皇に上奏した時間は、まさに真珠湾攻撃の直前だった。

この親電配達の遅れについては戦後、軍事の側から真相が明らかにされている。朝雲新聞社から防衛庁戦史部編で刊行されている戦史叢書の「大本営陸軍部　大東亜戦争開戦経緯(3)」によると次のような経緯があったという。

大本営通信課の戸村盛雄少佐は、外国からの電報は全て受信時をごまかして配達するよう命令していた。中央電信局はそれを受けて、当初は外国電報を5時間遅らせて届けるよう命令している。日本の開戦が漏れないようにとの処置であった。やがてこの時間を10時間、15時間と変えていったが、ルーズベルトの親電は10時間遅れでの配達となった。この配達遅延は親電の時間切れを狙ったものだった。戸村少佐のこの措置は、参謀本部の作戦課の瀬島龍三少佐から、すでにマレーでは戦闘が開始されているから、今さら親電が来てもどうにもならないと聞かされてのことであった。国策の中心となる重大事が、戸村、瀬島ら少佐たちの勝手な判断で、天皇への背信行為につながっていったのだ。

ルーズベルトの親電を遅らせて、実質的に意味のないメッセージに変えたのが佐官クラスの一存によるものだったという現実は、当時の日本社会の規律がいかに緩んでいたかを物語っている。天皇の意思は無視され、ひたすら開戦だけが目的化していく。国民は戦争政策に服従することのみが求められる。国民の生命と財産を守るのが国の役割であり、天皇からの大権を付与された指導者の務めなのに、生命と財産を政府の命令に応じて差し出せと号令だけをかけたのである。

また、ハルノートの日本側の理解に関しても、歴史の闇に隠れている部分があるのだ。ハルノートによってアメリカが交渉の余地のない条件を示し、日本はもう戦う以外に道はないと大本営政府連絡会議の出席者が決断した。後に詳述するが、これは最後通告にも等しいというのが共通の思いであった。中国、仏印からの軍隊、警察力の撤退や三国同盟からの脱退要求、日本の傀儡《かいらい》汪兆銘政府の否認などとうていのむことができないというのが日本の政治、軍事指導者の怒りの素因であった。その怒りは多分に自分たちの枠の中でしか判断できないという視野の狭さを表していた。

ハルノートは最後通告どころか、真剣に事態に向き合ったときに議論すべき視点をいくつも示していた。最後通告などと判断する政治的鈍感さこそ責められるべきだと指摘していた人物は、当時から少なくなかった。例えば吉田茂や有田八郎などがいたことのみを、ここでは記しておこう。

7 開戦の決定者は誰だったのか?

▼9人のうち7人は軍官僚だった

太平洋戦争の開戦の経緯を丹念に追っていくと、私たちはまだまだ意外な事実に出合う。このことは日本社会の歴史理解がかなり一面的だと告白することでもある。これは重要なことだが、開戦の決定は誰がいつどのように行ったのか、それが十分に知られていない。

もう15年ほど前になろうか、あるテレビ局で開戦についての各世代の代表が集まっての討論会が開かれた。私もある世代を代表して出席したのだが、その折に開戦の責任者として私より上の世代の出席者が「東條英機」を鋭く批判した。これを聞いていた大学生が、「でも東條は選挙で選ばれたわけですよね。国民が戦争を望んだということではないですか」と発言した。私は愕然とした。そうか、この程度の知識なのか。私は口を挟んで、当時の首相選出の手続きが現在と異なることを説明した。

東條首相は国民が選んだわけではない。この頃の首班指名は、内大臣の木戸幸一や重臣

（首相経験者）会議などで時勢を勘案しながら推挙されて、天皇が大命降下するという形になっていた。元老の西園寺公望が存命のときは、西園寺が推挙する人物に大命降下するというのが慣例であった。西園寺はリベラリストであり、議会政治の守護者でもあったから、多数党の政党の指導者を天皇に推挙している。

しかし昭和7（1932）年の五・一五事件以後、軍部の圧力で、首班指名には軍の意向も無視できなくなって、西園寺を嘆かせた。二・二六事件以後は、軍の態度がより横柄になり、とうとう東條に行き着いたとも言える。

話を戻す。それでは、太平洋戦争の開戦は誰が決めたのか。これは開戦に至る経緯の中でいまだ不十分な理解に終わっている。この章の「天皇の意識の変遷」で触れた重要な点を検証していく。初めに結論から書くが、「戦争の決定は9人によって決まったが、そのうちの7人は軍官僚であった」という事実を決して忘れてはいけない。

この年（1941）4月からの日米交渉の動きについて、7人の軍官僚のほとんどは大体の事情を知っていて、いわば開戦への道筋を強引に歩んだといってもいい。まずはこの「歴史の影」を明らかにしなければならない。

開戦を決定したのは、むろん天皇主権国家であったのだから、御前会議だったという形にはなっている。しかしこの御前会議は単なる儀式であり、その前の大本営政府連絡会議での決定をもとに、その了解を得るというのが現実の姿であったことはすでに述べたとおりである。天皇は、一切発言をせずに臣下の者の決定に従った。

大本営政府連絡会議が最終的に開戦を決めたのは、11月29日である。この決定を12月1日の御前会議で追認したのである。このときの連絡会議の出席者は、これまでと同じで以下のような9人（本来は10人。東條英機首相が陸相も兼ねているので9人）である。

［大本営側］＝杉山元（陸軍参謀総長）、田辺盛武（参謀次長）、永野修身（海軍軍令部総長）、伊藤整一（軍令部次長）

［政府側］＝東條英機（首相、陸相、内相）、嶋田繁太郎（海相）、東郷茂徳（外相）、賀屋興宣（蔵相）、鈴木貞一（企画院総裁）

この他に陸軍省、海軍省の軍務局長が出席しているが、彼らに発言権はない。記録係のような役回りであった。私が出席者のうちの7人が軍官僚だという意味がおわかりであろう。文官出身は外務官僚の東郷茂徳、大蔵官僚の賀屋興宣、2人だけである。ただし東郷と賀屋は、東條内閣のときに入閣を要請されたのであり、開戦に至る日米交渉について熟知していない。軍官僚のペースに巻き込まれた感がある。なんのことはない。結局は軍官僚の、軍官僚による、軍官僚のための戦争だったといっていい。

政府の側が多数の軍人ではなく、もしも近衛文麿であったり、政党出身の政治家であったりしたなら、大本営政府連絡会議の様相も変わったであろう。この年の4月以降の日米交渉の顚末《てんまつ》もこれほど簡単に戦争という結論に至らなかったはずだ。このときの首相が、最も陸軍の硬直した体質を代弁する人物であったことは「日本の悲劇」という以外にない。

▼頑迷な強硬論者――杉山、永野、東條

この連絡会議で発言の比重が重いのは、大本営側は参謀総長の杉山元と軍令部総長の永野修身である。それぞれ次長が出席しているといっても形式的なところがあり、最高責任者の総長を差し置いて発言できるわけがない。政府側は首相と陸相、そして海相である。戦争に関する軍事上の発言など外相も蔵相もできるわけがない。それは陸相、海相の役目であるからだ。

企画院の総裁は日本の戦時軍事力の試算やその見通しを具体的に調査して、戦争能力の現実を会議で報告するのが主務というべき立場である。

こう見てくると戦争に至るプロセスで、発言の重さが出席者のポストによって極めて明確に表れてくるのがわかる。9人の出席者のうち5人が主役であるということになるであろう。東條が2役を兼ねているので、4人の発言が開戦の牽引役を務めたことがわかるだろう。杉山と永野、そして東條と海相の嶋田繁太郎である。

しかし4月に始まった日米交渉の経緯を熟知しているのは、杉山、永野、そして東條である。嶋田は10月17日に近衛文麿が退陣し、東條が首相になってからの海相就任で交渉の全てを熟知しているわけではない。なんのことはない。東條と杉山、永野で開戦の道筋を引っ張っていったと言ってもいいということがわかる。7月、8月、9月とこの3人が開戦に持っていくために近衛にどれほどの圧力をかけたか、これまで書いてきた。近衛が内閣を投げ出すときに、「そんなに戦争というのなら、戦争の好きな人たちでやるがいい」とまで口にしたのは、この3人の頑迷な強硬論に疲れ果てたからだ。

改めてこういうやりとりを振り返ると、3人が軍官僚として国民のことよりも、自らの所属する軍事組織のことしか考えていないことがわかってくる。東條が事あるごとに、「支那からの撤兵は陸軍の生命線への挑戦だ」という言い方を陸軍のためにくり返したのもその例である。

そういう東條にとって、ハルノートはまさに天祐だった。のちの東京裁判で、ハルノートの現物を見せられたときに、これが戦争の原因であると興奮気味に発言したのだが、東條は外交官や政治家たちの「これは最後通告ではない」との見解など、最後まで理解できなかったのだ。

吉田茂からハルノートの原文を見せられた天皇側近の牧野伸顕が戦争に反対の意思を語っ

た。その理由は「明治維新の大業は鹿児島の先輩西郷や大久保の苦心によって成就した。この際先輩たちの偉業を想起し慎重に考慮すべきであると伝えよ」(吉田茂『日本を決定した百年』)という内容であった。外相の東郷茂徳が鹿児島出身ゆえに、牧野は薩摩がつくったこの近代国家を壊して欲しくないとの意向を伝えたことになる。

これは私の推測になるのだが、薩摩や長州が命をかけてつくった近代国家を永野修身(高知)や杉山元(福岡)、東條英機(岩手、東京)らに思うままにされることに、大久保利通の子息である牧野は、我慢ならない心理状態だったのだろう。

▼ついに日本は「12月8日」を迎えた

近代国家をつくり上げたと自負する若槻礼次郎らも、重臣として東條内閣の開戦の方向に強く懸念を示した。ハルノートを受け取り、開戦と決まったあと、天皇は重臣たちの意見も聞きたいと重臣会議を開くようにと、東條に命じている。東條は、彼らは事情を知らないからとその指示にためらいを見せていた。東條は周辺の者に対して「うるさい老人たちが国難であることも知らないのに」と極めて非礼な態度でこの重臣会議に出席している。しかしそこで若槻は極めて正論を吐き、戦争内閣をたしなめている。

若槻の発言は、いざ戦争になったなら精神力は心配ないにしても、物質面で長期戦に耐えられるかを慎重に検討しなければならないと前置きした上で、次のような意見を天皇をはじめ内閣の面々に突きつけた。

「帝国の自存自衛の必要とあれば、仮令《たとえ》の敗戦を予見し得る場合と雖《いえど》も、国を焦土となしても立たなければなりませんが、只理想を描いて国策を御進めになること、例えば大東亜共栄圏の確立とか、東亜の安定勢力とかの理想にとらわれ、国力を使わるることは、誠に危険でありますから、之は御考えを願わなければならないと存じます」

重臣たちの大半はこの意見に賛成の様子だったと出席者は漏らしていた。しかし東條首相は、開戦に否定的な意見には居丈高に反応し、開戦後の戦力にも自信があることを繰り返し語っている。このときの重臣会議には8人の元総理が出席していたが、東條の意見などに驚きの表情だったというのだ。議会政治出身の政治家は大体が反対であった。8人の政治家のうち、6人は若槻の心のこもった意見にうなずいたであろうと予想される。

重臣のうち林銑十郎《はやしせんじゅうろう》、阿部信行は陸軍の出身であり、東條の意見に抗することもできないタイプなので、2人はひたすら陸軍の意向に沿うような発言を重ねて、開戦を支持していた。若槻のバランスの取れた歴史観や国家観が軍事指導者の前にさらけ出されることで、政治家と軍人の戦いになったであろうとも予測される。つまり政治家たちは、こんなレベルで戦争をするなどと言うのは軽率すぎると呆れているようにも思えるのだ。

海軍出身の元首相の岡田啓介は、二・二六事件当時首相だったが、官邸に来ていた義弟を陸軍の青年将校が誤認して射殺、岡田は奇跡的に助かった。そういう因縁もあるためか、開戦には反対で、東條の説明を聞いても「納得することはできない」と突き放している。

元外相の有田八郎は、開戦の日に米内光政邸に駆けつけた。昭和15（1940）年の米内内閣の外相だったからだが、そこにはかつての閣僚や秘書たちも続々と集まってきた。そこでの結論は「どう考えても日本に勝算はない、日本は3年も持たない。一日も早く終戦に持っていかなければならない」というものだった。

つまり軍人以外はほとんど開戦に反対、ないし消極的であったのだ。

日本社会の受け止め方はどうだっただろうか。

愛国的と称する軍人や日本主義の旗を掲げる民間右翼などを除けば、日本社会の大半は対米戦争に乗り気ではなかったと言ってもよいであろう。それなのになぜ、いとも簡単に対米英蘭戦争に突っ込んでいったのであろうか。

すでに説明したように、ハルノートで常識の枠組みがあっさりと壊れるがごときものだったのか。それとも日本社会はこういう案が出されなくても、相手側からの脅しや挑発に乗りやすい性格なのか。

さまざまな経緯と葛藤の末に、あるいは単純極まりない心理の結果として、日本はついに12月8日の朝を迎えた。

午前7時、ラジオの臨時ニュースで厳かな「海ゆかば」の曲が流れ、アナウンサーの緊迫した声がそれに続いた。

「臨時ニュースを申し上げます。臨時ニュースを申し上げます。大本営陸海軍部、12月8日午前6時発表。帝国陸海軍は、本8日未明、西太平洋においてアメリカ、イギリス軍と戦闘状態に入れり」

第2章

戦争の真の姿

軍国主義国家の指導者たちの迷走と暴走、そして国民の悲劇

学徒出陣——昭和18（1943）年12月4日
たすき掛けで整列した学徒。

東條英機首相がハルノートを突きつけられて興奮状態になったのを見てもわかるように、この指導者の資質がのちの戦争指導に大きな影響を与えた。東條に代表される軍人たちの性格がこの国の未来図も示していたと言うことができるだろう。

東條軍事内閣はどういう戦争指導に走ったのか、その実態を見ていこう。つまりこの内閣の総合的な評価をさらに検証してみよう。

東條に限らず昭和の軍人たちには——特に権力の一端に就いた軍人たちには——いくつかの共通点がある。東條もその例に漏れないと言っていいだろう。彼の発言、行動を子細に見ていくと、この時代に権力を握った者たち特有の悪弊がよくわかる。その悪弊が、どうしても歴史の陰から姿を現すのだ。

また、戦時下で示された国民の心理と行動の裏側を追っていきたい。さらには戦争終結後までも続いた尋常ならざるエピソードを伝えておきたい。

1 東條英機の弾圧政治

▼「神に仕える軍人」という特権意識

早速、東條ら軍人たちの共通点を挙げておこう。3点ある。

①自分だけが天皇の信頼を得ていて、自分に抵抗するのは天皇に反旗を翻すことだと固く信じている

②軍人という仕事は職業ではない。神に仕える神聖な天命であり、それを抜きに軍人の純粋、潔癖さは生まれてこない

③日本人は国家に忠誠を誓って死ぬことを最大の威徳と考えている。死を全く恐れていない民族である

この3点は東條が秘書の軍人らに実際に語った軍人観であり、歴史観でもあった。いわば

自分たちの軍人観を正直に明かしているのである。いずれもある歪みを持っていることは否定できない。特に東條政治は逮捕・監禁に始まり、戦況が悪化してきたり国民の士気が下がってしまったりという場合には、露骨な弾圧政治に切り替えた。そして戦争協力に否定的な言動をなす国民には徹底した弾圧を加えている。

東條の戦争指導は、ひたすら願望と思い込みの連続ばかりである。自分に逆らうものは天皇に弓を引く者として、非国民として弾圧した。そうやって次々と戦場に送り戦死させたのである。戦場で、あるいは国内では何が起きたであろうか。現象の裏側を明かそう。

戦時下の社会で日本社会はどのような光景を描いたのか、これまで十分に検証されてこなかった史実をもとに日本人は戦争をどう受け止めていたのか、その光景を確認していきたい。太平洋戦争の開戦時に、内相が東條英機の兼任だったことは極めて重い意味があった。首相、陸相に加えて内相にもなっていたのである。日本にはそれほど人材が枯渇していたのかとの疑問さえ湧くが、内相も兼務していることで、開戦と同時に反戦・非戦のグループや個人を逮捕、監禁するというのが、東條の考えであった。

その前例があった。東條は関東軍の憲兵司令官のときに二・二六事件を体験している。東條司令官が事件の第一報を聞いて実行したのは皇道派に近い軍人の拘束である。さらには満州国内で反関東軍の活動を行っている民間人らの逮捕、監禁などの処置を果断なく進めていた。それは予防検束なのだろうが、東條はそういう場合の法的根拠など一向に構わないとの立場なのである。こうした強引さは軍内で評判が良かった。

▼開戦翌日、いきなり396人を拘束

太平洋戦争の開戦は、内相としての東條にとっても全く同様であった。この内相は昭和16(1941)年12月8日の開戦の翌日早朝を期して、被疑事件の検挙216(このうち令状執行154)、予防検束150、予防拘禁30(このうち令状執行13)の合計396人の身柄を一方的に拘束しているのである。東條ら開戦側の指導者がこういう逮捕や検挙に懸命になるのは、その分だけ心理的に怯えているとも言えるのではないかと思われるのである。

このときの396人の検挙者を見ると、実にささいな、あるいは以前から警察がマークしていたという程度の容疑に過ぎないのに、大袈裟に逮捕されている。例えば北海道の2件を見てみると、1件は「プロ文学グループ」であり、検挙者は新聞発行者、市役所嘱託、馬車運輸組合理事の3人である。事件内容については以下のようになる。

「昭和13年以来M、Y(保阪注・氏名は仮名とする)等がプロ文学グループ『山脈社』を結成、機関紙『山脈』を発行するやこれと緊密なる連絡を採り指導啓蒙に努め更に昭和14(1

939）年以来、Kは北海道農業新聞を発刊し地主、小作人間の紛議に取材し或いは当局の農業対策に対する非難を指摘、階級的記事を毎号掲載しI、Aの両名はこれが論説委員となり協力し農民大衆を啓蒙する等共産主義運動の容疑濃厚なるもの」（『昭和特高弾圧史〈知識人にたいする弾圧〉1』）

なぜこの程度で検挙されるのか、はなはだ疑問だ。戦時下の異様な風景はこうした形の言論弾圧から始まったと言える。

3年8カ月続いたこの戦争は軍官僚が進め、しかも内相をも兼務した東條は、簡単に特高警察を使いこなせた。加えて東條はすでに陸相として憲兵隊も握っていたのだから、弾圧はやりたい放題であった。予防検束の理由を2、3紹介していこう。

例えば神奈川では「芝浦製作所京浜工場グループ結成の容疑濃厚」で2人の職工が検挙されている。

大阪では、非合法グループなるものとして18人が検挙された。会社員、新聞記者、工場経営者、雑貨商などさまざまな職種のタイプが含まれている。

群馬などでは「秘密会合の容疑濃厚」という罪名で4人の人物が捕まった。職業は農業が2人、農業織物が1人、油製造1人といった具合だ。茨城などでは「生活主義教育運動」に関連しているという理由で、国民学校訓導2人が検挙された。

こうした逮捕、検挙された人たちは戦争の開戦に特別の関わりがあるわけでなく、共産主義者でもない。単に権力者の不安を示している検挙劇であった。

さらに、東條の残酷さと、その特徴を指摘しておく。太平洋戦争の開戦時と戦時下での東條内閣による反政府陣営に対する弾圧は、二重の残酷さを持っていた。その人物の社会的立場、信用、そして経済生活を奪うだけでなく、戦場に徴用して「死」を強要するのである。過酷な戦場に追いやる報復を繰り返すのであった。

2 出陣学徒の運命

▼知性が求められた(?)航空戦

太平洋戦争の戦時下における学徒兵の役割や、彼らに託された責務について考えてみたい。

わかりやすい表現を用いるならば、戦争最終時期に動員された大学生、高等専門学校生、大学予科生などの実態を通して、「戦争と大学生」という視点で、あの太平洋戦争について考察を加えていきたいと思う。あるいは「戦争と知性」といった見方で考えてみたいということでもある。ある東大生の人生が戦後、なぜ誤った形で伝承されたのか、という点にも光を当てたい。

近代史の中で徴兵に関しては、大学生や専門学校生の間には特例が認められていた。国民皆兵の原則のもと、男子は20歳になれば兵隊検査を受けて「兵士」にならなければならない。しかし高等教育を受けていた者はその「徴集ヲ延期シ得べキ期間」が定められていた。この期間は時代と共に変化するのであったが、太平洋戦争の開戦2カ月前に勅令によって兵役法の改正が行われ、延期期限の短縮が決まった。

こういう事情を見ていくと、軍事政権が実際には早くから「開戦」という方針に沿って、諸政策を進めていたことがわかってくる。開戦前から学徒兵を早めに徴集することを想定していたと言っていいのではないかと思われる。

このときの改正で、高等学校高等科・大学予科は22歳まで、専門学校は23歳、大学学部生は24歳、医学部の学生は25歳までとなった。それ以前からほぼ1年ほど短縮されることになったのだ。軍事指導者は高等教育を受けた学徒を軍事面で必要としていたのである。

戦争の内実は地上や海から航空戦に移行していくのだが、そういう最新鋭の機械関連の知識は、高等教育を受けている学徒に速成で伝えていかなければならない。軍事組織を動かす知性も彼らに依存しなければならない。期限の短縮はそのような必要に迫られていたからである。

こうした学徒が出陣学徒として、昭和18（1943）年11月末ごろに一斉に兵舎に送られた。特攻隊員として亡くなった者も多い。その実態は未解明のままである。

学徒出陣というと、昭和18（1943）年10月21日の明治神宮外苑競技場で行われた「出陣学徒壮行会」がすぐに思い浮かぶ。学生服に身を包んだ大学生が銃を肩に戦場に赴くべく行進する姿は、今もフィルムで見ると戦争の無情さにつながっていく。「雨の中の儀式」「見送る女学生たちの涙」「決然と行進する学徒」といったナレーションがついている。たしかにフィルムではそうなのだ。

この学徒たちにも、私は何人か話を聞いている。「あなたはどういうつもりで行進していたのですか」との問いに、「むろん戦場での死を覚悟していましたよ」という答えがほとんどだが、「本心を言えば、とうとう戦争に引っ張り出されるのかと複雑な気持ちでした。戦場には行かないようにと願っていましたね」と東京帝大の学生（戦後は大手企業の役員）は本音を漏らした。彼は、大体はそう思っていたはずだとも漏らしていた。

当時の大学教育、高等専門教育を受けている学生は、同年代の男性のうちの約3％であったという。50人に1人か2人たらずという割合になるのだから、教育を受けた者は温存する制度があったわけだが、兵士不足の軍部はそういう学生たちにも動員をかけなければならなくなったのだ。

▼「征く学徒○○名。見送る学徒5万名」

この壮行会で、東條英機首相は出陣学徒に訓示を行っている。その一節である。

「今や皇国は三千年来の国運を決する極めて重大なる時局に直面し、緊迫せる内外の情勢は一日半日も忽《ゆるが》せにすることは許さないのである。御国の若人たる諸君が、勇躍学窓より征途に就き、祖先の遺風を昂揚し仇なす敵を撃滅して皇運を扶翼し奉るの日はきたのである」

東條の訓示にはこうした空虚な字句が幾重にも並び、学生は後世に長く名を残すことを心がけるべきだと繰り返し述べている。その後に岡部長景文部大臣がやはり訓示を述べている。そこにも学徒の感情を揺さぶる言い回しが盛り込まれていた。

東條にしても、岡部にしても、学生の目で見た戦争の内実に知識や感性をもって、歴史に立ち会ってほしいとの指摘はない。学徒を送り出すのは「軍事」の論理だけというのが正直な姿であり、本音でもあった。

それに続いての在校生の送別の言葉、そして出陣学徒の答辞とあったのだが、そういう様子は日本放送協会（ＮＨＫ）が全国に向けて実況放送を行っている。77校の学徒の分列行進の模様である。

「征く学徒、東京帝国大学以下77校、○○名、これを見送る学徒96校実に5万名、今大東亜決戦に当り、近く入隊すべく学徒の尽忠の至誠を固めて、その決意を高揚すると共に武運長久を祈願する出陣学徒壮行の会は秋深き神宮外苑競技場において雄々しくそしてまた華麗にも展開されております」

アナウンサーは行進を続ける学徒の出身大学名を叫んでゆく。東京帝国大学、東京商科大学、慶応義塾大学、早稲田大学、明治大学、法政大学、中央大学、日本大学、専修大学、立教大学、拓殖大学、駒沢大学、立正大学、東京農大、日本医科大学、大正大学、上智大学、国学院大学、東洋大学などの学生の「雄々しき姿」が実況放送される。ある新聞は書く。

「幾十、幾百、幾千の足が進んでくる。この足がやがてジャングルを踏み、この脛《すね》やがて敵前渡河の水を走るのだ。拍手、拍手、歓声、歓声、十万の眼からみんな涙が流れた。涙を流しながら手を拍《う》ち帽を振った」

どの新聞も涙の壮行会を感傷的に伝えた。出陣学徒のこうした儀式は国家の知性、理性が崩壊していく道筋だと、学徒の中には冷めた目を持つ者も少なくなかったのである。

参加者の数字も各メディアや教育機関などによって異なっている。7万余人という報道もあれば、5万人という記録もある。つまり出陣学徒の数も不透明ならば、彼らを見送った在学生もまた曖昧なのであった。

軍事指導者はとにかく学徒兵を一人でも多く戦場に送りたかったと言っていいであろう。

▼答辞を読んだ東京帝大学生の「不運」

東條首相と岡部大臣の挨拶に続いて、学生側を代表して慶応義塾大学医学部学生の奥井津二が「壮行の辞」を述べた。見送りの学生たちを代表しての言葉であった。

当時の東京朝日新聞からの引用になるのだが、その内容は、学徒が戦場に赴くときの心情を思うと胸が躍ると言ったあとに、「されば諸兄の心を心として、学問の研鑽を続けると共に、心身の鍛錬に努むることを誓ひます。どうぞ諸兄、元気で征って下さい」と締めくくっている。その言葉の端々には、再び学園で会おうとの思いが込められているようにも思えるのであった。

最後に答辞を述べたのは東京帝大文学部学生の江橋慎四郎であった。

当時の新聞などでは「角帽の下に光る眼鏡も痛々しいほどの学徒」ということになるのだが、江橋は奉書紙に書かれた文語調の答辞を読み上げた。強い風雨がその奉書紙を揺らした。江橋は答辞で戦局が熾烈な状態に入っていることを告げた上で、次のような一節を淡々と読み上げた。

「生等《せいら》今や見敵必殺の銃剣を提げ、積年忍苦の精進研鑽を挙げて悉《ことごと》くこの光栄ある重任に捧げ、挺身を以て頑敵を撃滅せん。生等もとより生還を期せず。在学学徒諸兄、亦遠からずして生等に続き、出陣の上は、屍を乗越え乗越え邁往敢闘、以て大東亜戦争を完遂し、上宸襟《かみしんきん》を安んじ奉り（以下略）」

江橋の答辞の中のこの一節は、戦後にあってもよく引用されている。特に「生等もとより生還を期せず」は、さまざまな視点から各様の論じ方をされてきた。江橋は答辞を読んだというのに生還したではないかとか、この内容について責任があるといった類いの批判もされた。「この学生は即日帰還の扱いを受けて生き延びた」と、戦後になって間違った論難までされた。しかし、江橋自身はそういう批判などに一切答えず、沈黙を守り通した。

江橋は戦後学園に戻り、やがて東大教授や鹿屋体育大学の初代学長など、戦後の日本の体育学の確立者としての役割を果たしてきた。その間、例えば大学内部でもあからさまに批判するグループもあったという。江橋は沈黙を守ることで、自らの心中を吐露することはなかった。

私は、江橋の証言を正確に残すのはやはり昭和史検証の重要な鍵になると考えてきた。江橋が全ての公職から離れ、湘南のある町で老後をゆっくりと休めている時期、私は4時間の取材時間をもらった。平成25（2013）年の秋であった。意外な話も聞かされた。このとき、江橋は93歳になっていたが、体の動きなどは全く年齢を感じさせなかった。

▼約70年後、本人の答えを聞いた

まず、どうして出陣学徒の代表に選ばれたのか、江橋はこのように答えた。

東京帝大には運動会という運動部のまとまった組織があったそうだ。その中に総務という名の学生代表で組織する小委員会があった。この小委員会代表がこの年は文学部にあたっていて、江橋は出陣学徒の代表を命じられたという。また、次のような理由も挙げている。

「文学部の代表が運動部全体の代表になる時代だったことの他に、当時私は5尺7寸ほど身長があった。まあ173センチということになるんだが、学生として押し出しもいい、というんです。私は水泳部の選手ではあったけれどそれほどの選手じゃないから、マネジャーのようなこともやらされていた。そんなわけで学生主事や教授連中から、あいつが代表でいいということになったわけです」
以下、私の取材メモには次のようなやりとりが残っている。
保阪「ではあの答辞の文章も、江橋さんが作ったんですか。内容の上では、よく時代背景が出ていると思う半面、空虚な文字空間を作り上げているなあという感じもしますね」
江橋「あの文章ですが、私にはとても書けませんね。初めは、おまえ自分で書け、というわけです。こちらは運動部で、そんな文章なんか書けない。正直いうと仕方ないから、味も素っ気もない文章を書いて持って行った。学生主事や教官の委員会の国文学の先生の所にね。そうしたらいろいろ添削されて、ああいう内容になったわけです」
保阪「たまたま選ばれて、儀式の主役のような役割をさせられたわけですね。ただ東條首相や岡部文相などの空虚な挨拶に比べると、やはり漢文調であるとはいえ、その空虚さそのものを読むように命じられた江橋さんの答辞は、歴史的には読んだ人の責任ではなく、時代そのものが責任を負うと考えるべきでしょうね」
私の感想に、江橋は黙していたが、ゆっくりとうなずいた。江橋が戦後、現役を退いて余生を送る段階まで沈黙を守ったのは、戦後社会の一角に江橋の答辞を批判する空気があることを知っていたからだと理解した。

平成5（1993）年は出陣学徒壮行会から50年を経た年だが、このとき江橋は朝日新聞の「語り継ぐ学徒出陣50年」という連載記事の中で、取材には応じられないと言い、「私は貝になりたい、の心境です」と語っていた。私はその心理がよくわかった。ちなみに「私は貝になりたい」は、実話をもとにしたテレビドラマの題名である（1958年。橋本忍・脚本、岡本愛彦・演出）。上官の命令で捕虜を殺害した兵士がB級戦犯として死刑を執行される。その市井の男が、最期に絞り出すように漏らした言葉が、このタイトルになっている。つまりは、人間をやめて海の底でじっと暮らしたいとの心境だというのだ。

しかし、江橋のこの証言（新聞社に発したコメント）について、東大教授だったYが、その後各種の原稿で批判を加えた。Yは戦没学生の手記を集めて刊行した、わだつみ会などの事務局長を務め、こうした関係の運動の有力な指導者でもあった。そのYが刊行した「学徒出陣五十年」という書の中で「宣誓学生のその後」として、江橋の名は挙げずに「宣誓学生」という言い方で強い調子の批判を行っている。

ただ、そこで記述されている事実なるものは虚構であった。例えば次のような一節がある。

「（50周年時の江橋を取り上げた記事に触れて）ところが、なんとその東大生は、聞くところでは、いわゆる『即日帰郷』で入隊しないで帰宅を許されたそうで、病気が理由かどうかそれはわからない。当時一般の『即日帰郷』は病気の場合もあったが、裏口の特権的なケースも少なくなかったようだ」

この他にも宣誓学生を批判、ないし中傷するような文言がいくつか文中に記されている。Yの批判の骨子は「あれだけ『学徒出陣』で多くの戦没者を出し、自らは『生等生還を期せず』と誓っておきながら『即日』帰って来た人が、どうして何の反応も示さないのだろう」という点にある。あの宣誓を読んだが故に、即日帰郷という特権を与えられたのが許せないという形の批判に行き着くのである。

これが事実なら極めて問題だ。そこで江橋の軍歴を丹念にあたってみるとそれは誤りであり、実際に江橋の戦友11人が「事実誤認」と訂正を要請する形で抗議を申し入れている。

ごく大まかにいうならば、江橋は学徒出陣後は柏市にある第1航空軍の中にある航空教育隊に配属され、初年兵教育を受けている。その後甲種幹部候補生に合格して、三重県の加佐登にある第1航空軍教育隊に派遣された。そして陸軍兵科見習士官となり、立川、京都、滋賀県八日市などに転属して「昭和20年8月15日」を迎えている。

軍歴としては航空畑の整備や審査などを担当したことになるのだが、審査などでは戦闘機に乗ることもあり、日々命をかけている状態だったとも本人は証言している。

これらの出来事をどう考えたらいいのだろうか。私には戦後の戦争責任の問い方そのものに歪みがあるように思える。問うべきことの順位が崩れているというのが私の印象である。

▼メディアは、泣きながら批判シーンを描いた

出陣学徒壮行会の裏側について、我々はさしあたり2点の事実を知っておかなければならない。この2点を史実と絡ませることで、私たちは語り継ぐべき歴史が何であるかを確認できるのだ。

① 出陣学徒の報道を行った言論人の批判的視点
② 東京以外の各地の壮行会の風景

まずは①についてである。昭和18（1943）年10月21日の壮行会は、活字よりも映像での報道による影響が大きかった。学生たちの行進時には雨はやんでいた。学生服で銃を肩にかけ、雨がやんだとはいえ水たまりがある中を革靴で歩を進める。角帽の中に見え隠れしている表情は緊張気味であったり、まるで泣き顔に近い学生もいる。

報道班の新聞社やニュース映画社のカメラマンは、戦意高揚につながるように撮影して国

民に伝えよと命じられていた。しかしニュース映画社のカメラマンは、そういう命令よりも「悲壮な現実」を国民に伝えようとしていた。だから編集されてニュース映画となり、戦時下に国民が見ることが許されたフィルムは、たしかに戦意高揚というべきシーンであるかのように見えながら、よく見ていると「戦争でこうした若者が亡くなっていくのは国家的損失である」というような受け止め方ができるようにもなっている。

例えば、あるカメラマンは行進のシーンで1人の学生の後ろ姿を帽子の先から足元まで長く写し続ける。それに東條首相の演説をかぶせるシーンが編集された。いかにも死してお国に奉公するかのように見せかけて、この学生の運命が戦時指導者に利用されているがごとくに読み取れるのだ。さらに学徒兵たちの行進時の足のアップが続くシーンもある。

ニュース映画の製作者は、泣きながらこうしたシーンを織り込んだのではないだろうか。そうとも言えるように思うのだ。

▼知られざる全国各地の壮行会

出陣学徒の壮行会は東京の明治神宮外苑競技場で行われただけではなかった。

大阪では、11月16日の午前9時から中之島公園で行われた。参加したのは大阪大、大阪商大、関西大学などの他、大高、浪高、外語、昭和高商などというが詳しくは学校名も伝えていない。むろん学徒の数字は○○とぼかされている。ただし見送る在学生は26校で、1万3100人余であったという。

大阪府知事らの激励の言葉に続き、在学生の男子代表、女子代表が壮行の辞を述べた。出陣学徒代表の大阪商大の小川武が答辞を読み上げたという。

「ひとたび征かば生還を期さぬ敵撃滅の決意を堂々と誓ひ（略）満場粛として声なく、やがて厳かに流れる軍楽隊の前奏で『海ゆかば』を斉唱」と、当時の朝日新聞は伝えている。

大阪では出陣学徒が公園を出て市中を行進している。それを見守る軍事関係者は「満足の微笑みをもらす」と同紙に描写されている。

京都では11月21日午前9時から平安神宮前で行われた。出陣学徒の大まかな数字が明かされているのが他の地方と異なっている。京都大学、同志社大学、立命館大学、龍谷大学、大谷大学、高蚕、武専、桧専など14校の出陣学徒代表500余人が校旗を掲げて集まったというのである。2000余人が見送りに集まったという。初めに祈願祭を行い、宮司の祝詞奏上があった。大阪、京都では、それぞれの地域性を踏まえながらの壮行会風景であった。

その他の地方でも壮行会は開かれている。各地の様子はどのようなものだったか、当時の新聞報道を基に考えてみることにしたい。

仙台では11月18日の関東・東北地方の学徒野外演習のあとの宮城野原で壮行会が行われ

た。出陣学徒の大学名、出陣学徒の数字などはどの新聞もはっきりとは書いていない。見送る在学生は男女合わせて2000人ほどとあり、岡部長景文部大臣の餞《はなむけ》の言葉、東北帝大総長の「祝辞」と在校生の激励の言葉が続いたというのである。

出陣学徒を代表して東北帝大法学部の学徒が答辞を述べたとある。式次第は大体東京での壮行会と同じようなものであった。ここでも全員で「海ゆかば」を合唱し、行進して式は終わる。

名古屋では11月22日の午前10時半から行われた。実は前日から文部省主催とされる「東海地区学徒連合演習」が行われていた。これはまさに実戦さながらの演習だった。静岡、愛知、三重、岐阜、山梨、長野の各県下の大学、高等専門学校が33校、それに県下の中等学校50校のおおよそ1万2000人の学徒が参加した。

そして翌日の壮行会では、宮内省からも宮様の一人が代表して挨拶と励ましの言葉を与えたというのである。こうした儀式はほとんどこれまでの式次第に倣《なら》うといった形になっている。

神戸での壮行会は、11月19日に東遊園地で行われている。当時の新聞によると、「神戸商大を先頭に七大学高専校の粛々凛然たる装い、その双眸は学生生活最後の感激に潤んでいる」といった記事で、学徒の出陣を名誉として捉える筆調となっている。

神戸では「生等もとより生還を期せず、ただ米英撃滅、悠久の大義に生きん」とやはり出陣学徒は答辞の中の一文を読んでいる。そして式の後は、湊川神社まで市中行進を行っている。この他外地（上海、京城、台北）などにある大学、高等専門学校でも壮行会は行われた。

こうしてみると、この時期の学徒出陣の意味は戦争継続というだけでなく、本土決戦にまで行き着く計画が密かに練られていたとも考えられる。学徒の頭脳を戦備と見る思想が必要不可欠であったのだ。

学徒兵たちは12月1日までには、配属部隊の兵舎に入営した。東條首相兼陸相はこの日、東部第6部隊（東京・赤坂）を視察に訪れて訓示を与えている。

「未曾有の苛烈なる決戦戦場に臨み、死を鴻毛《こうもう》の軽きに比して悠久の大義に生き、以て無窮の皇恩に応え奉らんとす（以下略）」

神宮外苑の壮行会より、さらに神がかりな内容になっている。東條の訓示には「諸子は本日以後既に学徒に非ずして、陛下の股肱《ここう》たる軍人なり」という語が何度か繰り返されたが、そこには学徒が学問や学園に未練を残してはならないとの意味が込められていた。軍人に組み込まれる学生は、知性や理性を捨てろ、戦う機械になれ、という要求でもあった。これらの言葉からは、もはや学生には知性など求めていないことが明白にわかる。早い話が「一億総特攻」の中軸となることだけを期待していたのだろう。

3 幽霊の話

▼怖くて不思議な「戦時民話」

太平洋戦争の戦時下では、敗戦が濃厚になるにつれ、2つの現象が明確になった。1つは流言飛語をまき散らしたとされて、事実を語ることがそのまま犯罪扱いされたことだ。国が発表する情報以外は信じるな、というわけだが、虚構の発表が国民の精神を根本からなし崩し的に破壊していった。

もう1つは、虚構の空間の中で国民は現実から目を背け、全く別の物語を持つことで現実逃避を図った。いわば戦時民話のような物語が国民の精神の救いとなった。

戦時下社会で広がった幽霊話などは典型的な例である。南方で戦死した連合艦隊司令長官の山本五十六は、実は南方の島で生きているなどと伝承されたし、玉砕した部隊でも実は死んだ兵士が密かに兵舎に戻っていたなど。そういう例がいくつかあることがわかる。庶民の怒りが屈折していったのだ。

このころ、日本社会をいかなる空気が支配していたのだろうか。あるいは庶民はどのような考えのもとで日々を過ごしていたのだろうか。そのような研究、分析はそれほど熱心に行われていたわけではない。今に至るも庶民の本音が織りなす感情の研究が行われた節はない。ひたすら国家総力戦に協力したという程度では分析したとは言えない。

これまで開戦への経緯を見てきた。そして開戦翌日には、ささいな理由をつけて全国規模での検挙劇が演じられた。言うまでもなく戦時下の日本社会は、次のような特徴を持っていたと言っていいように思う。

① 国民は軍事指導者の作った枠組みで戦争に協力させられた
② 国民の主体的意思や行動は戦時下では全て否定された
③ 本来国家が守るべき国民の生命と財産が全てつぎ込まれた

主たる特徴はこの3点に絞られていく。この3点にこそ戦争の特徴が表に出ていたと考えられるのだ。

平時のモラルは大体が逆転し、異様で特異な戦争でなければ考えられない思想なり道徳が支配する空間になっていったのである。戦況がいいときは、国民の間にも余裕や楽観的な空気があった。しかしひとたび戦況が悪化すると、国民の間にはたちまちのうちに厭戦気分が広がった。

その広がりを軍事内閣はひたすら抑えつけることで、戦争に駆り立てた。その結果どうなったか。庶民の戦時意識は屈折していった。その屈折という闇を社会的に分析することは、前述のようにあまり行われてはいなかった。

そこでここでは庶民の間で戦時下の民話がどのように語られていたかを、私のこれまでの取材や調査によってわかった範囲で語っていきたい。いわば国民の屈折した厭戦、嫌戦がどのような「物語」を生み、語り継がれたのか、国民心理の裏を見ていこうというわけである。

▼2500の「死兵」の行軍

昭和17（1942）年8月にガダルカナル島で、最初に上陸を試みた一木支隊の2500人の将兵は、第1次、第2次の攻撃で結局は全滅という状態になった。この支隊は、北海道の旭川の第7師団の兵士たちによって編成されていた。

本来はミッドウェー海戦がうまくいけば、そこに上陸予定の部隊であった。結局この海戦は負け戦になり、一木支隊は急きょガダルカナル奪回に回されたのだ。部隊全滅後、旭川市内で幽霊話が広まっていく。幽霊話は、いかにも真実味を帯びていた。

市内にある第7師団の兵舎は留守部隊が守っていた。一木支隊に編成されてガダルカナルで亡くなった兵士のことはすぐには知らされなかった。昭和17（1942）年8月、9月といえば日本軍が一挙に敗勢に向かうころで、敗北して撤退するのを、「転進」と言ってごまかしたときである。

旭川の留守部隊を守る門兵は、夜中でも捧《ささ》げ銃《つつ》をしつつ当番の役目を果たす。ある夜、南方に出征していた兵士たちが隊列を組んで兵舎に帰ってきた。整然と行進している。夜中の静けさの中に軍靴の音だけがザクザクと響いている。兵士たちはリュックを背負い、銃を肩に、真っすぐに前を向いて歩いていく。門兵はそれを不動の姿勢で見守る。深夜の密かな帰還であった。兵士たちは自分たちのいつもの兵舎へと入っていった。

ところが彼らが兵舎に入ったにもかかわらず、電気もつかなければ、物音ひとつ聞こえてこない。門兵は震え上がったというのである。

南方の戦場に赴いた兵士たちが全滅したという情報は、やがて公式に明らかにされた。では、あの兵士たち2500人は何だったのか。門兵は、自分は確かに仲間が隊列を組んで帰ってきたのを見たと譲らない。いや、市民の中にもザクザクという軍靴の音を聞いたと証言する者が数多く出てくる。兵隊たちが帰ってきたと信じる兵士の家族たちは、彼らは戦闘で負けたので、責任を負わされてどこかに幽閉されているのだと噂し合ったという。

むろんこれは、まさに「戦時民話」である。戦争で理不尽な形での死を強要された兵士たちの怨念を銃後の人々が引き継いでいるのである。私はこうした戦時民話をかなり集めてきたが、最も多いのは戦死した若者たちが故郷に帰ってくるという幽霊話であった。

ある地方の村の青年たちが属する部隊がほぼ全滅、あるいは玉砕したというケースでは、その年には蛍が異様に多く、村人たちは兵士たちが蛍になって村に帰ってきたと噂し、涙を流したというのであった。

▼取り残された仲間の涙声

私の取材ノートから引用すると、これは戦後の話だが、玉砕した兵士たちの遺骨を求めて元北部軍の兵士たちがアッツ島（太平洋戦争で最初の玉砕の地）に出かけた。昭和40年代である。仲間の骨を集めているときに、急に霧が立ち込めたという。その霧が至るところで人のような形になっていく。写真を写した元兵士は山影と霧を指さして、「これは戦死したAにそっくりなんです」と言う。私には人の形に見えないが、彼らには見える。霧が仲間の兵士の涙であったとも信じているのだ。

「おーい、まだ全ての骨を収集しているわけじゃないぞ。俺も連れて帰ってくれと訴えていたんです」

と収集団の一人であったKさんは涙声になった。

アッツ、キスカの両島に、大本営が日本軍を上陸させることを決めたのは昭和17（1942）年5月である。アメリカ軍がアラスカを経てこの地域（アッツ島はアメリカ領）を利用して北海道上陸を目指すことを恐れたからだ。

北海道の部隊が送られることになったが、兵士たちは隊列を組んでいるときに、奇数列はアッツ、偶数列はキスカといった具合に簡単により分けられていった。たまたま偶数列にいたからキスカ配属となって命拾いし、奇数列にいたら玉砕していましたと述懐するのである。

「軍隊というのは、言い方を変えれば『運隊』と呼ばれるところです。私は運が良かっただけなんです」

「戦死した仲間の顔です。一緒に行った連中と死んだ仲間の名を大声で叫びましたよ」

と真剣な表情になった。20歳を越えたばかりの青年たちが兵士として生を閉じていく。生き残った者も生涯、戦場体験を引きずっていくのだが、その心理的傷がこういう形で表れるのではないか、と思えるのだ。

こういう話もある。私はこれまで3000人を超える数の戦争体験者に話を聞いてきた。インパール作戦に参加した京都の中小企業経営者（元下士官）は戦場での体験を話しているときに、いつも右手を上着のポケットに入れて動かしていた。太平洋戦争で最も愚かだったと評される作戦で飢えと疲労で次々に亡くなっていく戦友の話になると、その手は一層激しくなる。ポケットに数珠を入れて祈りながら話しているのだ。

「水、水」とうめきながら死んでいった仲間の姿が浮かんでくる。いや部屋の中に、「白骨街道」で倒れたはずの彼らが現れるのだ。その像を慰めているのである。

▼尊厳を傷つけられた記憶が今も……

さらに話を進めよう。兵士たちが夢枕に立って、「おっかさん、死にたくないよう」といったとか、出征した息子がまるで幼年時代に戻り、母親の布団に潜り込んできたといった話は枚挙にいとまがないほどだ。そういうときに、のちにわかることなのだが、そうした兵士たちは大体がその時刻に戦死している。

霊魂が存在するとかしないとかの問題ではない。兵士たち、あるいは兵士の家族は、戦争での不条理な死に納得できないから、それに応じた心理的な不安や苦悩で心中に特別な「物語」を作るのである。その物語は意識して作られるのではなく、ごく自然に出来上がるように思う。それが戦時民話の本質である。

これも私の体験なのだが、ニューギニア島での激しい戦闘とその後の飢えを体験した学徒兵に詳細な体験談を聞いたことがある。その学徒兵は大学教授の職についていたが、自宅の応接間で私の質問に答えているうちに、1時間近くを過ぎると私との会話が噛み合わなくなっていった。私の質問に答えるのではなく、誰か戦友とおぼしき人物と会話を始めたのだ。視線は私の座っている椅子のずっと上、つまり天井に向けられている。その会話は、2人が心を許した仲間であることを窺わせた。

「あの将校は我々をなんだと思っているんだ。バカにするのもいい加減にしろ」

そう言い出すと、視線は宙を泳いでいるようになる。むろん私は答えようがない。私の質問と噛み合っていないからだ。

「なあY、職業軍人のあの無礼な態度は何なんだ――。我々を虫けらのように思っているんじゃないか。あんな連中にバカにされて、なんで死ななきゃならないのか」

温厚に話していた会話が怒鳴り声になる。Yというのはやはり同じ学徒兵で、同じ連隊で訓練を受けていた仲間らしい。そのYに向かって、自分たちを愚弄した傲慢な将校への怒りを訴えている。「おまえの苦しさや怒りを自分は晴らしてやる」とYと会話している状態になる。

この大学教授のYとの会話は10分近く続いただろうか。応接間に夫人が入ってきて肩を優しく叩くと次第に興奮がおさまっていく。「この方はYさんではないのよ」と言って手を握っている。Yはニューギニア戦線で戦死（餓死）したという。

教授は下士官に私的リンチを受けたことなどを思い出すと精神のバランスが崩れる。人間としての尊厳を著しく傷つけられた記憶は、帝国大学で学んだ彼のプライドを根本から崩してしまったのだ。

▼「山本五十六戦死の日」に飛んだ「火の玉」

このような話はいくつもあるのだが、戦死した息子が火の玉になって帰ってきたという民話が意外に多い。真夜中、玄関に明るい火の玉が見えた、日をおいて息子の戦死が告げられたというのである。火の玉は人の魂というわけだ。実は昭和18（１９４３）年4月18日に、全国各地で一斉に火の玉が飛んだという話が伝わっている。

この日は連合艦隊司令長官の山本五十六が、ラバウルから前線視察に赴いた折に、ブーゲンビル島の上空でアメリカ軍の爆撃機に撃墜されて戦死したとされている。このニュースは国民に衝撃を与えるというので、しばらくは伏せられていた。

真珠湾攻撃の指揮者として、山本の名はこの戦争の象徴であった。山本という名に勝利の意味が仮託されていたのだ。国民には知らされなかったのに、この日の夜は全国各地で火の玉が飛んだとの報告があったというのだ。

この日に火の玉が飛んだというのは、日記を書いていた農夫から、あるいは大学の研究室にいた研究者の備忘録からも確かめられた。日本民話の会の機関誌でもこの話が書かれている。東京都の女性の話である。

「戦争中よ。山本元帥、あの人が亡くなったとき、日本中ものすごい魂が飛んだんだわ、なんたってものすごいんだよ、日本中飛んだってさ——。あたしも見たの」

真っ暗闇の中に火の玉がゆらゆらと飛んでいたというのだ。

山本の出身地である新潟県でもこの種の話を聞いたことがある。夜中に火の玉があちこちに揺れていた。その大きさは20センチほどもある塊だというのだ。

人々はなぜ4月18日にそんな火の玉を見たのか。山本五十六の戦死は知らないから、各地では今日は何か不吉なことでも起こったのかと噂になっていた。実は山本の乗った1番機は、暗号が解読されて撃墜された。しかし山本は即死ではなかったともいわれている。実際に山本は軍刀を顎に当て、しばらくは考え事をするポーズだったというのだ。撃墜されてしばらくは生の状態にあった山本の魂は、火の玉となって日本全国に散らばばり、ゆらゆらと揺れていたのであろうか。山本が火の玉になって日本に帰ってきたというのはあとでの作話だろうが、北海道でも九州でも、この日に火の玉を見たというのだから、国民は戦争の行く末に不安を持ち、だからこそ、こうした民話を作り上げて不安を解消していたのだろう。敗戦が濃厚になっていくと、この種の戦時民話が屈折しながら荒唐無稽になっていったのであろう。

▼「死んだことにした」男の戦後

戦時下での心理的な歪みの話をもう少し続けよう。戦争が激しくなると、召集の範囲は一気に広がっていく。30代で子どももいるというのに召集されるとなると、当然ながら兵役を逃れるためにさまざまな手段を弄することになる。どのような方法があったのか。兵役を巧みに逃れた例を語っていこう。やはり私の取材ノートからである。

誰もが内心では兵役などは勘弁してほしいと考えているのだから、その方法はあまりにも多様化しているし、真偽を疑いたくなる話も多いのだ。

これは関東地方のある町に住む青年（Aとしておこう）の話である。日中戦争以後に、大量に召集がかかる時代になると、この青年は戸籍から自らを抹殺することを思いついた。つまり戸籍上では死ぬことにしたのである。

そうすれば永久に徴兵されることはない。Aは偽造した死亡届を出すよう母親に頼み、姿を消した。兄弟も協力して、家族だけの葬式を出して表面を取り繕い、この試みを手助けすることにした。Aは戸籍をもたないから、戦時下では配給を受け取れない。正規の手続きでの会社勤めはできない。家に顔を出すこともできない。近所の人たちには死亡したことになっているからだ。家族もその点で口裏合わせをしなければならない。社会生活の不自由さはあるにしても、しかし戦争に引っ張られることはない。実はニセの死亡届は大変な労力と家人の協力が必要なのである。

Aは自分の町に近い工場で名前や出身地を隠して働いたという。戦況が悪化して、Aの働く工場からも次々と工員が出征していく。当然Aも、と不審がられるようになる。するとAは忽然と姿を消す。詮索が激しくなるからだ。この繰り返しが続く。Aは心身とも疲労状態になる。しかし姿を消して生きなければならない。やがて汽車の切符を買うのにも住所、氏名が必要になる。戦争末期には、Aは自宅の物置に隠れるように住んでいたそうだ。

そして戦争は終わった。しばらくしてAは姿を現すことを決意する。するとどうだろう。Aは反戦の英雄に祭り上げられたのである。プロレタリアの革命児と称えたジャーナリストもいる。

私がAとその家族に話を聞いたのは、昭和50年代に入ってからのことであった。紹介してくれたのはある県会議員であった。戸籍を戻す労を取ったというのであった。いつのまにかAはある分野で英雄視され、本人もその気になって振る舞い、顰蹙《ひんしゅく》を買っていたのが印象的であった。

▼「絶体絶命」から逃げる兵隊

どのような軍隊でも、軍内暴力（私刑）といじめ、そして陰湿な復讐などは当たり前のように起きたと言っていいように思う。特に戦時下になれば、そうした行為は日常的になる。なぜなら戦争それ自体がそのような性格を持っているからといっていいであろう。日本の軍隊だけではなく、どの国の軍隊もそうした悪弊を断ち切れない。

徴兵制の国々では一定の年齢に達すると兵役の義務があるから、大体は入隊体験を持つことになる。かつての日本もそうだったわけだが、この体験を拒否したいときにはどんな逃げ道があるのか。先ほど紹介した死亡届を出すというのがわかりやすいのだが、よく言われるのは自らの肉体を傷つける方法だ。兵隊検査の日に大量の醤油を飲んで体調を崩すというのはしばしば語られている。その他右手の指を使えなくする。鉄砲が撃てなくなるからだ。

さらに軍隊では結核が恐れられている。集団生活を送る軍内部では、1人の結核患者がたちまちのうちに患者を増やすことになる。従って、結核患者を厄介者扱いするというのはどの軍隊でも同じである。それだけに結核患者に偽装するというのはよくあるケースだ。この偽装は軍内から出たいときに行われるという。

兵隊生活が嫌になったり、死の危険性のある戦場に送られたりしたときの逃げ道は2つしかない。1つは自殺してしまう。もう1つは脱走である。この2つが嫌ならば合法的に「脱走」することである。合法的に、というのがニセ結核患者になることだ。その方法について、私はある連隊の兵士から詳しく聞いたことがある。兵隊仲間で密かに申し送りされていたのである。現実に実行して内地に戻った例も少なくないという。

危険な戦場（激戦地になると予想される戦場、常に「敵」の脅威にさらされている戦場など）に多いのだが、軍医が検診に来るという日から逆算して1週間ほど前から、咳こむ、空咳を繰り返す、息を止めて顔を紅潮させる、ふらふら歩くという状態を繰り返す。将校は、結核ではないかと恐れる。軍医の診察を仰ごうとなる。

しかしベテランの軍医なら、大体はこんな演技を簡単に見破る。しかし軍医が、大学医学部を出てまもなく召集された青年医師ならば別である。

むろん青年軍医も仮病ではと疑いを持つ。しかしそこからが「一世一代の勝負」だと兵士たちは証言する。

青年軍医の前で「故郷では母さんと妹が朝から晩まで田んぼに出て働きづめだし、わしがいないから畑は草ぼうぼうで……」と涙を流す。「肺病になったら……」と泣き言を繰り返す。青年軍医は次第に同情の気持ちに傾く。「大変だな。ひとまず内地の陸軍病院に行きなさい。転地願を出しておく、内地で直してからお国に奉公してください」となる。

兵士はその瞬間に心中で「万歳、万歳」と叫んでいる。まず内地に帰れる。それに結核の疑いのある診断書が手に入れば、二度と軍から召集されることはないだろう。「お国に奉公できないのは残念だけど」と周りの人たちには恐縮の体で演技するのだという。

▼私的制裁への恨みを晴らす元兵士

戦場に出てみて、自分たちはつまりは「死」の世界にいるのだと兵士たちは気がつくのだが、戦記文学はそのような過酷な状況での人間の運命を描いている。

五味川純平の『人間の条件』（昭和31年）は、そうしたテーマを描き切った歴史的名作である。何度か映像化されてもいる。私は高校生のときにこの作品を読んで、軍事主導の時代に生まれてこなかったことを何よりも喜んだ。とくに「内務班」での兵隊たちの陰湿極まりない生活が生々しい筆致で描かれていた。

補充兵の一人がどうしても軍内の訓練についていけず、そのたびに古年兵から私的制裁、リンチを受けていた。革製のスリッパなどで殴られるだけではない。柱にしがみついてセミの真似をさせられたり、ひどいときには「女郎の客引き」なる制裁もあったという。並んでいる鉄砲を格子窓に見立てて「そこのお兄さん、寄ってらっしゃいよ」などと言わされる。それが下手だとか言われて殴り飛ばされる。そんな話が五味川作品には書かれている。その補充兵は、兵舎にいても戦場に出ても、自分には「死」しかないと絶望の感情にとらわれる。結局、この30代の補充兵は兵舎で自殺してしまう。

こんなことは実際に起こったのか、元兵士たちに尋ねたことがある。意外なことに誰もが否定しないのだ。特に昭和18（１９４３）年後半からは新兵として30代の妻帯者などが入隊してくるようになる。古年兵のほうがはるかに年下だったりする。

いや戦争末期になると、兵隊不足で兵隊検査の丙種（不合格者）や40代など、これまで戦争とは縁のなかった人たちも入ってくる。私的制裁は極端なまでに陰湿になっていく。自殺、脱走なども相当数あったようである。「皇軍の兵士は強い」という神話は、まさにこうした隊内暴力の延長と言っていいのかもしれない。

こうした私的制裁や隊内暴力の怨恨は、戦後にも引きずられている。小笠原諸島の父島に駐屯したある部隊の戦後の戦友会での話だ。昭和30年代半ばである。全く戦友会に顔を出さない元兵士Ａが、あるときの集まりに顔を出した。今は小学校の先生をしている温厚な人物であった。

会場で人を捜していたが、ある人物を見て歩み寄り、「ああBさん、懐かしいなあ」と抱きついていった。そして首を腕で抱えるようにして力を入れていく。殺意があることが誰にもわかった。放っておくとAはBを殺しかねない。慌てて仲間たちが止めに入った。

Aは古年兵のBから徹底した私的制裁を受けていた。屈辱的な、つまり『人間の条件』に描かれたような制裁がフラッシュバックして、Aの心理を怒りにかき立てていたのである。

▼中野正剛を死に追いやった憲兵への復讐

戦時下で権力を握っていたがゆえに、その権力で傍若無人に振る舞っていた者が、敗戦後は名前を変えて逃げ回っていたという話はかなり多いといわれている。実際にそういう話は数多く聞かされた。

中野正剛は東方同志会の代議士であり、弁舌の立つ雄弁家でもあった。昭和18（1943）年に東條英機首相の批判記事を書いたと東條に睨まれ、憲兵隊に逮捕されて最終的には自殺に追い込まれた。東條の弾圧による犠牲者と言ってもよい。

この自殺も不自然な形であった。憲兵隊から一時的に釈放されたが、憲兵隊員が付き添い、中野の寝室の隣の部屋で監視をしていたという。中野はその間隙をぬって自殺したと言われている。

中野に師事していた同志会の会員や門弟たちは怒りの感情を抱えて、戦時下を過ごした。そして敗戦である。

敗戦後の混乱が一段落した後、中野の門弟たち何人かが憲兵隊の隊員を捜し始めた。そして東海地方のある町に住む人物を捜し出した。何人かで山中に連れ出して、中野の取り調べの状況や東條の指示などを聞き出したというのであった。

昭和40年代に、私はその一人に後日談を聞かされたことがある。

「我々は中野先生を尊敬していましたから、どういうような状況に置かれていたのかを確認したかったのです。その憲兵隊員は土下座をして謝りましたけれど、我々の気は晴れなかった。全く戦時下の東條憲兵政治はひどかった──」

その隊員を殴ったりしたのかと問うと、否定も肯定もしなかった。戦時下のいわれのない弾圧は、恨みとなって戦後に引きずられていく。その決着をつけるような動きはいくつもあり、ときにそれは暴力事件として新聞に出たりもしたのだ。

繰り返すが、弾圧側の人間が逃げ回っていた例は少なくない。戦争に絡む人間模様は、平時になってかえって異常化するようにも思えるのであった。

これらの事象もまた、「戦争という魔性」の表れなのかもしれない。

第3章

いかにして戦争は終結に至ったのか？

そのとき、天皇、指導者たちはこう動いた

玉音放送——昭和20（1945）年8月15日。
ラジオから流れる天皇の終戦の大詔を聞く国

昭和20（1945）年のはじめ、日本は制海権も制空権も失い、全国の市街が焦土と化していった。もはや戦況は絶望的であった。それでも戦争継続を呼号する強硬派は「本土決戦」を画策した。しかし、その構想やその作戦内容を見ると、常識とはかけ離れたものだった。

本土に上陸させた米軍に大打撃を与え、戦況を一変させるのだという。そうすれば米国はじめ連合国は不安に陥り、停戦を望むだろう――。単なる願望を客観的事実とみなした上での作戦なのである。なにしろ日本には戦闘に必要な航空機はもちろん、通常の武器弾薬さえ満足になかったのだ。

太平洋戦争の終結に至るプロセスを見る限り、日本の宿痾ともいうべき課題が浮上してきたのであった。

太平洋戦争の終結へのプロセスやその裏側の矛盾点なども含めて、この国がどういう形で戦争を収めたのかを具体的に考えてみたい。この敗戦は私たちの国の基本的な骨格を作ることになったのだが、それは現在に至るもなお有効性を持っているとも言えるし、戦後日本の方向性を決めたとも言えるのである。

1 鈴木貫太郎の登場

▼「もう他に人はいない。頼むから……」

太平洋戦争の末期、日本は平衡感覚を失っていた。つまり軍事の指導者層は正常な判断ができない状況に追い込まれていたと言ってもいいかもしれない。政治指導者たちの一部が辛うじて軍事の暴走を止めようとしていた。近代日本はその最終段階で、近代日本の出発点での矛盾を見事なまでに露呈したというべきであった。

出発点では「政治」よりも「軍事」が先行し、軍事の組織原理、軍事教育、軍内法規などがすでに形を作り上げた後に、大日本帝国憲法が制定され、さらに衆議院選挙が行われて議会政治が始まった。そうした事実をもとに軍人たちが統帥権の独立や戦時体制を独自の構えで進めていくのは、史実の流れを見ると当然のことであった。

鈴木貫太郎という老首相を、昭和史の中に位置づけるとするならば、どのような表現がふさわしいだろうか。「救国の首相」などというのは、古めかしいのだが、案外このような表現が似つかわしいかもしれない。あるいは「天皇を救った宰相」などがいいかもしれない。

しかし、昭和史を含めた近代史を吟味すると、「近代史をスムーズに現代史に移行させた武人政治家」という表現が最も的確だと思うのだ。

鈴木が、昭和天皇から大命降下（組閣の命）されたのは、昭和20（1945）年4月5日であった。この日の重臣会議で辞退する鈴木だったが、重臣の大半は鈴木を推し、やむなく天皇の前に出た。天皇から、「卿《けい》に内閣の組閣を命ずる」と伝えられると、鈴木は「拝辞のお許しを得たい」として、次のような内容を答えた。この鈴木の発言は侍立していた侍従長の藤田尚徳の回想録（『侍従長の回想』）に詳しいので、そこからの引用である。

「鈴木は一介の武辺、従来政界には何の交渉もなく、また何の政見をも持ち合わせませぬ。『軍人は政治に干与せざるべし』との明治天皇の御聖諭をそのまま奉じて参りました。（陛下には申し訳ありませんが）何とぞこの一事は拝辞のお許しを願い奉ります」

すると天皇は、苦渋の表情になり、「もう他に人はいない。頼むから、曲げて承知してもらいたい」と懇願したのである。これは昭和史の中の異例の光景であった。天皇が頭を下げて頼み込んだのである。日をおいて鈴木は引き受けることを約束し、７日に鈴木内閣が発足した。

この光景は近代史がもう全く動きが取れなくなり、最後に海軍の最長老であり、かつては侍従長も務め、気心も知れている人物に、天皇は助けを求めたとも解釈できる。鈴木は満77歳、耳も遠くなり、激務に耐えられるか、不安を押しての登場であった。今に至るも歴代最高齢での首相就任である。

天皇が「もう人がいない」と言ったのは、「私の気持ちを理解してくれる人物はいない」の意味であり、「私の気持ち＝講和」であることは明確であった。鈴木はその本意を正確に理解したのであった。同時に鈴木の最初の拝辞の理由は、それまでの軍人首相への強烈な批判の鋭さを含んでいたのであった。

「軍人は政治に関与せざるべし」との鈴木の発言は、近代史の中の軍人ならば常に拳拳服膺《けんけんふくよう》していなければならない重要事である。そしてたとえ天皇から組閣を命じられても現役の軍人ならば断るのが本来の姿である。つまり鈴木の発言は真っ当であり、それは軍人勅諭にも反することだという点は、天皇もまた承知していたのだ。だからこそ、「そこを曲げて」とこうべを垂れたことになる。

この事実は昭和史のポイントになる。

鈴木は辞退している。東條英機は辞退していない。東條は開戦時には軍人勅諭の教えに反し、敗戦の受け入れにはやはり軍人勅諭に反している。また、天皇自身が開戦時に勅諭に反しているのを、東條は考えていない。鈴木は天皇の立場と自らの人生観を考えながら拝辞している。

鈴木貫太郎首相が歴史の中に名を残すのは、太平洋戦争を終結せしめた「政治家」ということになるのだが、それは天皇の軍隊であるはずの軍事組織に敗戦を認めさせるという難業であった。わかりやすく例えるならば、天皇は自らの力だけで戦争を止める権力、権威を失っていたということにもなるであろう。それを助けたのが鈴木だったのである。

具体的にその場面を描き出してみよう。

▼ポツダム宣言、原爆投下、ソ連の参戦

昭和20（1945）年8月9日、日本に降伏を求めるポツダム宣言の受諾をめぐって最初の御前会議が開かれた。午後11時50分である。すでに広島に原爆が落とされ（8月6日）、さらにこの日の未明にはソ連がこの大戦への参戦を明確にして、日本の政治、軍事の最高戦争指導会議も宣言受諾派と宣言拒否派との間の確執はなおのこと激しくなる。そこで御前会議を開いて大元帥である天皇の意思通りに動こうと決まった。天皇もそのことを了解した。

そして会議が開かれたのが午後11時50分であった。

この会議で受諾派（正確には国体護持＝天皇制の存続＝のみを条件）が外相を含めて3人、拒否派（国体護持に加えて3条件）が同じ3人となった。双方で侃々諤々《かんかんがくがく》の論議が行われた。普通なら議長役の鈴木貫太郎が受諾派に加担すればそれで解決したのだが、陪席の者はクーデターを覚悟していたともいうのだ。そうなれば、戦争終結はできなくなる。そこで鈴木は、天皇の前で「誠に申し訳ないことですが、陛下にご聖断をいただきたい」旨を申し述べている。天皇はうなずいて、

「それでは私が意見を言おう。私の意見は外務大臣の申していることに同意である」

と発言している。つまり受諾である。そしてその理由も細かく述べている。戦争はこの聖断によって、終結の道筋が出来上がっていった。

鈴木首相はこの聖断を引き出すことによって、2つの歴史的役割を終えている。その1つは、天皇の名によって始めた戦争を天皇の意志で終わらせたことであった。もう1つは、本土決戦にこだわる受諾拒否派の動きを抑える意思を明確にしたことであった。陸海軍の拒否派は、戦況は不利であるけれどまだ敗戦の状態ではない、戦える力があると主張していた。天皇はこのときに、強硬派の言う「予定と結果」が常に異なっていること、このまま本土決戦に突入したら「日本民族は皆死んでしまう」と述べていたのである。

鈴木貫太郎はここに至るまで、極めて二面性のある態度をとっていたが、最終段階で自らの信念に基づいて、天皇に救いの手を差し伸べたという事実が示されたのだ。鈴木は終戦詔書が天皇によって朗読（玉音放送）された直後に首相の職を辞している。

鈴木は、戦後に著した書『終戦の表情』の中で指摘している。

「（国の復活とは）今後の日本人が反省せねばならぬこととしては先ず何よりも信義を高めてゆくということであろう。日本国民が嘘をつかぬ国民になることである。そして絶えざる努力を続けてゆくことである。日本人にはその立派な素質がある」

日本が軍部の言い分を通そうと国際社会に嘘を言い、そして軍事指導者が国民に嘘を言い続けたということを意味している。鈴木はそのことの自省が必要だというのだ。

この歴史的忠告を、今私たちは思い出す必要がある。これからの国難の時代に、信義を守り、嘘をつかないという「立派な素質」が21世紀の日本の首相によって守られているのか、という点に注目しておくべきであろう。

▼引き際に表れる人格、全人生

昭和史には32人の首相が登場した。そのうちの昭和前期を象徴する首相に東條英機、中期では吉田茂、後期は田中角栄を選んで、その評伝を私は書いたのだが、この3人の他に歴史的に語られるべき首相は確かに存在する。
次の3人である。

鈴木貫太郎——近代史と現代史の岐路に立つ真の武人政治家
近衛文麿——公家政治家の強さと弱さを持つ天皇側近
石橋湛山——真正保守を貫き日本の進路を示した自由主義者

この3人について、少し人物像を語っておきたい。彼らが歴史の年譜の中に収まっているからこそ、昭和史は私たちに向けて教訓を示しているのである。鈴木と石橋の2人に共通する重要な点は何か。「彼らは引き際を知っていた」という事実を指摘しておきたい。引き際を知る、ということは、人生観とも深い関わりを持つ。

昭和史の象徴としての東條、吉田、田中に共通するのは何か、を考えれば、「引き際の悪さ」である。東條は、戦争継続は自分でなければダメだと錯覚し、重臣たちの倒閣運動に恫喝を加え、あまつさえ軍内強硬派のクーデターのささやきにも瞬間的にはぐらついている。天皇の自らへの不信感を知って、やっと身を引いた。吉田も最晩年の辞職の際には醜態ともいえる姿をさらした。

田中も首相としての引き際はまだしも、ロッキード事件での最終段階での権力に対する執着心は特に強かった。

こうした引き際を見ると、鈴木、石橋は見事と言ってよかった。石橋は「小日本論」など、日本の植民地政策に一貫して反対した硬骨で知られるが、首相就任後、わずか65日で辞任したことでも有名だ。風邪から肺炎を起こし国会に出席できなくなったための辞任である。実はかつて活躍していた東洋経済新報の20年も前の論説記事で、浜口雄幸首相が同じような状況になったとき、退陣すべきと石橋は主張していたのだ。それゆえに潔く身を引いたと言ってよいだろう。

たしかに性格もあるだろうが、人生には成すべきことがあり、それを果たせたら良しとする、あるいは失敗したら歴史の審判を受けるという人生観が鮮明なのである。

2 終戦詔書——その変化の謎

▼「まずは天皇のお言葉を漢文体に」

8月15日の「終戦詔書」の表と裏について検証してみたい。日本はどのような枠組みで、さらにはどういう範囲で敗戦を受け入れたのか、その辺りをより具体的に見ておかなければならない。

この詔書の原案作りは昭和20（１９４５）年8月9日の深夜から未明にかけての第1回御前会議が終わった直後から始まった。その準備を始めたのは、鈴木貫太郎内閣の書記官長である迫水久常《さこみずひさつね》である。

迫水は、その間の経緯について戦後に著した著作（『機関銃下の首相官邸』）の中で明かしている。御前会議でポツダム宣言受諾を天皇が明らかにしたことを国民はまだ誰も知らないから、全てが極秘であった。

「（事は急を要するので、御前会議の）天皇陛下のお言葉をそのまま漢文体の文章に綴ることとして自分で原案を起草する決心をしたのであった。（略）10日、11日、12日の三晩ほとんど徹夜して、何枚も原稿用紙を破りすてながら、ときには涙で原稿用紙を濡らしながら、形を作り上げた」

この詔書が第1稿であった。だが不安であった。2人の人物に相談している。漢学者の川田瑞穂（内閣嘱託、早稲田大学教授）と東洋史の権威とされる安岡正篤《まさひろ》である。迫水は、2人に首相官邸に来てもらい、自分たちが作成した第1次案を見せて、いろいろと手直しをしてもらった。「その結果加除訂正がなされて文章はいっそう立派なものになった」とも書いている。

迫水の回顧に基づいて、終戦詔書の作成プロセスを追いかけてみていく。実はこのプロセスには人間の微妙な意思が反映していて、正確な史実が十分に固まっているとは言えないからだ。

迫水によると、加除訂正の例として、例えば迫水は「永遠の確保せんことを期す」と書いたのだが、安岡からこの部分について貴重な示唆を受けたというのであった。中国の宋の時代の学者・張横渠《ちょうおうきょ》の書の中に「天地のために心を立て、生民のために道を立て、往聖のために絶学を継ぎ、万世のために太平を開く」という言葉があるから、この「万世のために太平を開くをそのまま使うが良い」と教えられたというのであった。

迫水は、この助言が終戦詔書の眼目になったと言って、安岡への感謝の言も書き残している。そしてこうした手直しを経て、「閣議は、このようにしてできた私の原案を議題として審議した」と書くのである。実際に現代史の中では、終戦詔書はこのようにして作成されたという形で語られてきた。それが定説とされていたのである。

しかし迫水のこの説明には、いくつもの不十分な点があるのも事実であった。例えば迫水は9日から10日にかけて、2度の御前会議があったとしてそこでの天皇の言葉をそのまま漢文調に直したと言っているが、単なる漢文の知識だけではあの詔書は書けないと思える内容である。

それを10日から12日まで徹夜をしてまとめたというのは、到底あり得ないという見方もある。迫水は友人などに手伝ってもらったというが、彼らとて漢文に詳しいわけではない。そして何より10日から12日というのはアメリカ側に、ポツダム宣言の内容について疑問点があるとして中立国を通じて問い合わせを行っているのである。政府に詔書の原案作りを行う時間的余裕などなかった。

▼「負けっぷりをよくしたい」

太平洋戦争の開戦詔書と終戦詔書は、奇妙な例えになるのだが、入り口と出口という言い方もできるであろう。戦争を始め、そして敗戦で終わる。始めたときの理由と終わったときの理由を整理することで、日本の戦争へ向き合う姿勢が明確になるはずであった。しかし同時に開戦詔書と終戦詔書には基本的な違いもある。近現代史研究者の茶園義男の著作（『密室の終戦詔勅』）はその基本的な違いをいくつか挙げている。

例えば、開戦詔書はその作成・発表までにおよそ40日間の期間があったのに、終戦詔書はわずか4日間しかなかったというのである。さらに開戦詔書には、日清、日露両戦争の開戦時の文案があったし、両戦争の終戦にしても講和の詔書が発表された。つまりモデルがあったのだ。

ところが今回は終戦の詔書の参考文が全くない。こうした特徴に、鈴木内閣は困惑した節があった。特に書記官長の迫水久常は、どのような名文で戦争を締めくくるかを考えたようであった。いや鈴木首相自身、歴史に残る負けっぷりを示す必要があると考えた節もあった。「負けっぷりをよくしたい。惨めな敗残者としての名を残したくない」というのは、この頃に鈴木がしばしば口にしていた言葉でもあった。

終戦詔書は内閣で極秘裏に作成されたわけだが、このことが軍部に知られると当事者が命を狙われる危険性もあった。そのため迫水は自らが責任をかぶる形をとって文案作りを進めたかのように史実をつくったと言えるのかもしれない。

現実には内閣嘱託の川田瑞穂が、まずは9日から10日にかけての御前会議での天皇の発言を漢語風に手直ししつつ、独自の解釈を入れて第1案を作成したとみられる。これは御前会議に出席していた迫水のメモなどをもとにまとめられたと言ってもいいように思う。

こうして出来上がった文案に、さらに川田が手を加えたり、その後に迫水の依頼で安岡正篤が最終的に手を入れるなどして出来上がっていった。そこで終戦詔書について、重要な箇所のある一節を抜き出してどのように手直しをされたかを見ていくことにしよう。

実際に発表された終戦詔書の半ばに、次の1節がある。

「(残虐なる爆弾などによる状況下で) 斯ノ如クムハ朕何ヲ以テカ億兆ノ赤子《せきし》ヲ保シ皇祖皇宗ノ神霊ニ謝セムヤ」

この一節が第1稿からどう変化したかを見ていくと、日本の敗戦の実態の具体像がわかってくる。戦争に対する天皇と軍部の認識の差が明確になるように思う。

まず第1稿では次のようになっていた。少々長くなるのだが、重要な部分なので、以下にそのまま引用しておきたい。

「朕ハ戦局益々不利ニシテ敵国ノ人道ヲ無視セル爆撃ノ日ニ月ニ苛烈ヲ極メ朕カ赤子ノ犠牲益々多ク人倫ノ大変所在並起ルヲ見ルニ忍ヒス特ニ戦火ノ及フ所人類共存ノ本義ヲ否定スルニ至ラムコトヲ懼《おそれ》ル」

ここには原子爆弾の投下という事態になって、もう戦争を継続する意思自体の否定、そして人類共存の考え方が消滅していく時代に入ったという強い認識がある。もっといえば、戦争とはある限定の条件下での政治抗争という見方であったが、そういう考え方は通用しないとの認識と言い換えてもいいかもしれない。終戦詔書に一定の歴史的重みを加えて、日本は戦争の時代に終止符を打つという形を取りたいと政治指導者や天皇側近が考えた、ともうかがえると言っていいように思う。

日本の軍事的暴挙で始まった戦争であるが、政治的には人類の共存を破壊する兵器の登場により、戦争の非人道的側面に自省をもって敗戦を受け入れるという形を作りたかったともうかがえるのだ。実は終戦詔書にはそれだけの重みを加えたいというのが、つまるところ鈴木貫太郎内閣の政治姿勢だったとも理解することができる。

このことは何を意味するのであろうか。あえて2つのことを指摘しておきたい。それは「日本の敗戦は政治と軍事の究極の戦い」であった。そしてもう1つは、日本は人類初の被爆国として、「核抑止下での平和論を超える平和論」を構築していく責任を負ったということであった。

後者の使命感はこれまであまり気づかれずにきたのだが、ロシアによるウクライナへの軍事侵略や、中東でのイスラエルとハマスとの戦闘によってやっと気づかされたとも言える。両者の核による脅しで私たちはこのことを改めて理解したのである。それゆえに日本の終戦詔書作成のプロセスでの、原爆を投下された側の受け止め方を見ていくことが重要だとも言えるのだ。

▼「背広姿の天皇の終戦にするべきだ」

書記官長の迫水久常に代表されるように、今次の戦争に対する「政治」の側が天皇と共に軍事に抵抗するといった意味合いが強いことがうかがえてくる。もっと深くいうならば、天皇には統治権と統帥権の総覧者としての立場があるが、これまで、つまり戦時下には統帥権天皇でありながら、終戦に当たっては政治的天皇としての側に身を寄せて、戦争終結を考えたということができるのだ。

軍服を脱ぎ捨てて背広で終戦に持っていこうというのが、こうした案文作りの背景からは浮かんでくる。

第1稿の文案の中では、「爆撃」でなく「敵襲」という語も用いている。爆撃というのは航空機による爆撃に限定されるのだが、敵襲という語によって、あらゆる形の軍事上の攻撃に理解が広まる。アメリカ側の攻撃そのものが人道を無視する形になっていくと言いたいのであろう。

赤子の犠牲が増えるという言い方を、さらに強めて赤子の命があまりにも粗末に失われることは耐えられないとの、天皇の気持ちが代弁されている。

また、人類の生存そのものの危機に至る戦争になっているとの意味が込められている。

詔書原案は実は、日本の軍部批判という意味も担わされていると見られるゆえんである。
さて、こうして8月13日の夜、迫水の秘書官が安岡正篤の元を訪ねている。安岡の博識によって、第2稿の詔書を漢語体を用いてまとめ、国民にこういう漢語体による重みをもって確認してもらいたいとの計算があったからだった。
このときに安岡正篤は、第1稿、第2稿のこれまで紹介してきた部分を以下のように大幅に削除して簡潔化した。

「是ノ如クムハ朕何ヲ以テカ億兆ノ赤子ヲ保シ皇祖皇宗ノ神霊ニ謝セムヤ」

これまでの主要部分を大幅に削除して、いともあっさりとわかりやすい文章にしている。戦火によって多くの犠牲者が出る事態はとんでもない、やはり国民の生活や戦争終結を急がなければ、歴代の天皇に対して申し訳ないとの気持ちを昭和天皇は持っていると安岡は見ていたのである。それを率直に打ち出して、政治の側の思惑を巧みに詔書に入れ込んだのであった。

▼「前向きに」そして「軍を刺激しないように」

もうひとつの例を見ていくことにしよう。終戦詔書は後半部に、よく知られた次のような文言が盛り込まれている。

「朕ハ時運ノ赴ク所堪へ難キヲ堪へ忍ヒ難キヲ忍ヒ以テ萬世ノ為ニ太平ヲ開カムト欲ス」

このような戦争の状態になると、忍び難いにせよ忍ぶことによって、これからの民族、あるいは人類のために次の時代への道筋をつけていかなければならないと、国民に訴えている一節だ。今でも最もよく愛唱される一節と言えるだろう。

ところが、この部分は、第1稿では極めて明確に国体護持を訴える内容であった。その部分は以下のようになっていた。

「事態ハ今ヤ此ノ一途ヲ余スニ過ギス朕ハ実ニ堪へ難キヲ堪へ忍ヒ難キヲ爾《なんじ》臣民ト共ニ勤勉努力以テ社稷《しゃしょく》ヲ保衛セムト欲ス」

戦況を見るにすでに残されているのは、国体の護持の一事になっているのだが、しかしこの段階では忍び難きを忍び、耐え難きを耐える以外にない。私と共に何とか国体を守るように努力していくことだけは忘れないでほしい、と国民に訴えている内容である。この部分は終戦詔書にはふさわしくないと迫水も川田も考えたのかもしれない。この内容を国民に伝えるにしても、もっと前向きに変えなければと鈴木内閣は考えたのかもしれない。

あるいは、いたずらに軍部を刺激することは避けようとの判断が生まれたのだろうか。第2稿では次のようになった。その部分も引用しておこう。

「一途ヲ余スノミ朕ハ実ニ堪ヘ難キヲ堪ヘ忍ヒ難キヲ忍ヒ臥薪嘗胆《がしんしょうたん》為ス有ルノ日ヲ将来ニ期シ爾臣民ノ協翼ヲ得テ長ク社稷ヲ保衛」

敗戦を受け入れることで、占領政策の一環として国体護持が難しいかもしれない、その場合は臥薪嘗胆で天皇も国民も他日を期す覚悟を持って耐えていこうとの内容に読み取れるのだ。4〜5日の間に終戦詔書をまとめていたわけだから、この部分は国体護持が認められない場合の仮の文案だったのかもしれない。この第2稿を安岡正篤に見せて手直しを求めたわけだが、安岡はこの部分を次のように極めてわかりやすく補筆した。

「朕ハ義命ノ存スル所堪ヘ難キヲ堪ヘ忍ヒ難キヲ忍ヒ萬世ノ為ニ太平ヲ開カント欲ス」

安岡は「太平を開かんと欲す」という一語を入れることで、戦争に負けての国体護持を願うというニュアンスをこの原案から消したわけである。あえて言えば、国体護持は当たり前であり、これを認めないなどの判断に関わっているべきではないとの、安岡なりの意思が明確に刻まれている詔書になったと言えるだろう。安岡の直したこの部分について、川田瑞穂は再度手を入れ、「義命ノ存スル所」を「時運ノ命スル所」という具合に訂正している。

こうした形で8月14日の2回目の御前会議の前までに詔書の原案は出来上がっていった。

この2回目の御前会議でも、天皇はポツダム宣言受諾の姿勢を明確にした。すでに国体護持を確信していたとも言えるのだが、天皇のその自信はいかなる形でも崩れない状態だったと言っていいだろう。この会議の後に開かれた閣議で、迫水、川田、それに途中からさらに加わった安岡の3人がまとめた終戦詔書の文案は、もう一度点検されることになった。つまりこのときは閣議が主導権を担ったという言い方もできるように思う。

そこでこれまで論じてきた前述の該当部分は以下のようになった。

「朕ハ時運ノ命スル所」

▼なぜ、清書の段階で変わったのか

ところが、安岡正篤が手直しした部分がそのまま生かされなかったことで、この詔書は関係者の間でも複雑な受け止め方をされた。その部分をさらに補完していきたい。

天皇が実際に読み上げた詔書の後半部には「時運ノ赴ク所」という部分がある。もともとは安岡が「義命ノ存スル所」と直した部分を、迫水久常や川田瑞穂が「時運の命スル所」と手直しした。それがさらに清書の段階で「時運ノ赴ク所」と変わった。

どうしてこうなったのか、と当事者や研究者の間で論戦が繰り広げられた。むろんこれは戦後社会が落ち着きを取り戻した時期（昭和40年代から）のことである。昭和史研究がより精緻に行われるようになってから、と言ってもよいであろう。

前出の茶園義男は『密室の終戦詔勅』（昭和64年1月刊）で、「義命の存する」と「時運の赴く」は全く意味が異なるとの結論も紹介している。安岡との対談記事もこの書には掲載されている。

それをまとめていくと、次のような光景が浮かんでくる。

昭和20（1945）年8月14日の午後早くに、安岡は官邸で鈴木貫太郎首相と詔書の性格などを話し合っていた。そこで迫水書記官長がこれから閣議に諮る詔書原案が最終段階で混乱しているというので、安岡は迫水の部屋に赴いた。午前中の御前会議で天皇のポツダム宣言受諾は決まっている。迫水は敗戦文書の重さに気づき、茫然自失の体だったのである。このとき、安岡は自分が作った「義命の存する」が「時運の赴く」となっていることに気がつく。

「ここは義命でなければおかしい。義命というのは大義名分より遥かに重く、道徳の至上命令であり、戦争をやめるということです。そして時運の赴くでは、時のままに流されるということです」と安岡は、茶園の取材にこのように話している。終戦は道徳の至上命令か、それとも戦局の流れが敗戦につながったのか、の問題だということであろう。

安岡正篤によると、「義命ノ存スル所」というのは「春秋左氏伝」の中の「信を以て義を行い義を以て命を為す」からとったものだというのである。日本が敗戦を受け入れるのは戦争に負けたからではなく、戦争という手段では日本の信が通せなくなり、あえて戦争による決着の付け方を選ぶのをやめて、義に基づいて矛《ほこ》を収めるという意味になるのであろうか。安岡はこれを直してはいけない、と書記官長の迫水に申し入れたようであった。

この直しは結局、閣議では受け入れられなかった。閣議は「時運の命スル所」ではなく、さらに弱い表現の「時運ノ赴ク所」となった。安岡の論理とは一線を引く表現であったと言っても良いであろう。

これは8月14日の御前会議の後に開かれた閣議での決定となる。つまり政治の側に立つ閣僚は何のためらいもなく、「時運ノ赴ク所」という選択をしたことになる。この期に及んで、戦争の流れは我々の国に全く勝ち目のない戦争になっている、今さら大義とか基本的立場といった表現などでは語ることができない、まさに時運が流れ着いて行く所、戦争を終わらせるべきだとの結論以外はないというのが閣僚たちの発想だったのであろう。

これについて安岡は「この表現では敗戦の意味がズルズルと風の吹くままに流れて行く状態で戦争が終わるのか」と相当に深い失望を味わったということにもなるだろう。この屈辱感を戦後も引きずることになれば、これは相当の打撃を与える詔書の書き手となってしまうだけだった。

さてこの間の関係者の手記や覚書の内容についていうならば、この詔書が安岡の意味する「義命ノ存スル所」でなくなったことについて、閣僚の中から、この語について時運の赴くというのは運を天に任せることだから、閣僚としても寝覚めが悪いという意見が意外に多かったとの証言もあった。

今となっては誰もが安岡の原則の考えに賛意を示す状態ではなかったことが語られている。政治家は戦争には独自の流れがあるとはいえ、実際に戦争肯定まで進めない以上「時運ノ赴ク所」という語で、かろうじて軍部批判を行いたかったのであろう。

安岡は「敗戦は戦後日本の平和の原点である以上、風の吹くままに敗戦が決定したというのであれば、日本社会に禍根を残すことではないか」と言ったが、確かにそれはうなずけるのである。

3 「敗戦」か?「終戦」か?

▼「義命」と「時運」との違い

改めて整理すると、8月14日の第2回の御前会議の様子についてはすでに、歴史的にかなり詳しく史実として知られている。天皇は切々と敗戦を受け入れる状態にあり、現状で推移するならば、この国自体の存立も危ういという声涙共に下る内容に、列席の者は一様に涙を拭いたというのだ。その後に開かれた閣議では敗戦をどのように告知するか、いわば終戦詔書の文案をどのようにするかの最終確認が行われたのだ。

実は会議は4時間もかかっている。その4時間には、政治の側の軍事への抵抗と怒りが混在していたからである。そして戦後社会につながるという点では、極めて重い意味を伴っていたのである。

それは次の一事であった。

日本のポツダム宣言の受諾による戦争終結は、「敗戦」なのか、「終戦」なのかという歴史的意味が伴っていたからであった。

敗戦という立場から、安岡が手を入れた表現を見ていくと終戦という語が浮かんでくる。戦後社会にあって、「敗戦」と「終戦」のどちらかという論戦も行われることがあったが、その源は8月14日の閣議を起点にしていたことを、私たちは知るべきである。

その立場から見ていくと昭和史の実像は具体的な像を伴って、より鮮明に浮かび上がるように思われるのであった。それだけに、もう少しこだわってこの閣議での様相を確認しておく必要がある。

閣議では、「義命」に反対する閣僚から「表現が難しいのではないか」とか「そもそもこういう語彙があるのか」という意見があった。こうした語を用いることでかえって国民は敗戦の意味がわからなくなるのではないか、という声もあったという。これに対して、迫水久常は安岡正篤の説いていた「義命」の意味を繰り返し説明したようである。

表面上は「意味がわかりづらい」というので、「義命」ではなく「時運の赴く所」という形に収まった。繰り返しになるが、それは終戦ではなく、敗戦の意味が強く出されて、日本は降伏を受け入れるという意味でもあった。

終戦詔書は天皇によってラジオで朗読されることになった。「玉音放送」である。軍部のクーデターが現実味を帯びるなか、前夜に収録された録音盤の争奪ドラマは半藤一利の『日本のいちばん長い日』などに詳しく描かれている。そして――。

8月15日正午。日本領土である海外の地を含めて全国に天皇の音声が流れた。

▼「もし悪魔に息子がいたら、それは間違いなく東條だ」

8月15日以降、鈴木貫太郎内閣に代わって東久邇内閣が誕生した。この内閣で吉田茂は外相に擬せられたが、天皇側近の立場にいて発言権のあった木戸幸一に反対されて拒まれている。木戸の真意は不明である。

吉田の心理を最も理解できるのは、8月27日付の来栖三郎宛ての書簡であった。ついに来るべき状況が来たといった後に、英語で「もし悪魔に息子がいたとするなら、それは間違いなく東條英機だ」と書いている。

こうした文章に触れていくと、吉田の心中は予想されているよりもはるかに怒りの感情が深いというべきであった。深読みすると、吉田に代表される外交官、さらには憲兵隊が隠語として用いていたヨハンセン(吉田反戦)グループの人脈は、「軍人に対する強い反発」「敗戦以外に認められない戦争」との認識を持っていたことが裏付けられるといってもよいであろう。

吉田に代表される親英米派は、敗戦か終戦かなどには関心がなく、この戦争は敗戦以外、何ものでもないという点で共通していたということになるであろうか。その立場に立ってこそ、外交経験者の知恵と技術が日本再建の柱になりうるという自負がうかがえるのである。

▼野坂昭如は、「敗けて、正気をとり戻した」

玉音放送を聞いた日本人の中に、この終戦詔書から「終戦」「敗戦」の違いを読み解いた者はいたであろうか。

作家の野坂昭如の「『終戦日記』を読む」を読んでいくと、次のような表現に出合う。

「（8月15日の）詔勅に、一言も『敗戦』の言葉はもとより、これを暗に伝える語句もない。戦局必ずしもわれに利なく、敵は残虐なる兵器を使用、これ以上、戦っても民族は滅亡に到る、故に、萬世のため、泰平を開かしめると述べる。（略）完膚なきまでやられての敗戦。原爆、ソ連参戦でようやく、決めた敗戦受け入れ」

野坂に言わせると、世界の歴史上、「かくも見事に、整然と、さしたる混乱もなく、この国民のほとんどにしてみれば、驚天動地の事態を、平静に受け入れた例はない」というのである。国民は戦争にうんざりしていて、玉音放送はまさに「神の声」であったというのである。野坂流の言い方になるのだが、天皇が現人神《あらひとがみ》として国民の前に現れたのは、まさに戦争を終わりとする「お告げ」であったというのである。

野坂は「8月15日」について書き残した高見順、海野十三、徳川夢声ら多くの人たちの詔勅を聞いての感想や実感について寸評を加えていくのだが、そこにあるのは、日本人はこの戦争に心底から納得して戦ったのではないとの実感であった。だから「(日本人は)敗けて、正気をとり戻した」というのが正直な姿であったともいうのである。

敗戦時、14歳だった少年は、おぼろげに考えていた敗戦でも終戦でもなく、玉音放送という「神の声」によって正気に戻ったという見方が、長じてなおのこと実感されたという。終戦、敗戦とはまた違った表現が必要とされるのかもしれない。

ともあれ、猛暑の8月、大日本帝国の戦争は終結したのである。

第4章

「平民新聞」は時代をどう伝えたか

日清戦争、日露戦争…軍国主義化する日本と社会

平民社——明治36（1903）年12月4日。徳秋水、堺利彦らによって設立され『平民新
を刊行。

政治、経済、外交などの事件や事象を仮にA面と考え、社会、事件、文化などの現象をB面と称して、近現代史を考えると、明治からの歴史の裏側がよくわかるのではないか。

これまでとかくこの種の区分けは曖昧にされ、折々の人々の生きた姿は軽視されてきたように思えるのだ。改めて私たちの先達の時代、あるいは私たちの生きた時代の社会の素顔を振り返りながら、今の私たちの生きている姿を確認していきたい。

例えば明治時代については、『坂の上の雲』の著者、司馬遼太郎の歴史観などで一般的には理解されているようだ。これは、昇り龍のように伸びていく日本という歴史観になっている。確かにそういう意味がないとは言えない。軍事的には確かにそういう時代だった。政治的にもそれを補完するような方針で、日本政府は世界の中での一等国を目指したのである。しかし、半面、国内の庶民の生活はどうだったのか？　そういう点はほとんど知られていない。

本書は、歴史の中の「光と影」を明らかにすることを目指している。「影」の部分をもう一度きちんと押さえておきたい。

1 平民新聞の興亡

▼「非戦・反戦」の新聞が伝えた庶民の暮らしぶり

明治36(1903)年11月15日の創刊から、明治38(1905)年1月29日までの期間に計64回刊行された「平民新聞」を取り上げる。これまであまり光が当たったことが少ない週刊新聞である。日露戦争前とその戦時下の社会で、非戦論を旗印にした新聞がどのような事実を伝えたのかを考えてみたい。近代日本の権力とメディアの関係を検証してみたいのである。

一般的に平民新聞については、非戦、反戦を訴えた新聞、明治政府によって弾圧された新聞という評価がされていて、新聞のその内容までは詳しくは伝えられていない。

むろん私は、反戦の主張は重要だとは思うのだが、「日露戦争反対」を編集方針にしたこの新聞が、当時の社会のどのような内容や動きを報じていたのか、そのことが重要だとも思う。

この週刊新聞の毎号8ページの記事を丹念に読んでいくと、例えば子どもの遊びの「戦争ごっこ」の記事が目に留まる。日露戦争の開戦後に、ロシア兵に擬せられた子どもが、日本兵に扮した子どもに殴打され、死ぬケースがあったらしい。平民新聞はこういう事実を伝えつつ、陸軍の上層部の意見も紹介している。

子どもの遊びとはいえ、ロシア兵に擬せられるのは少々体力のない子、あるいは遊びグループでも弱い子というのが通常のルールであろう。この事象に陸軍の幹部は、日本軍は強いから強い子がなり、ロシア兵は弱いから体力のない子がなるのは当然だ、むろんこういうケースは罰せられなければいけないにしても、子どもを弱い子に育ててはいけない、といささか筋違いのことを言っていると、平民新聞は批判している。

新橋から戦地に赴く汽車に、召集された兵士が乗り込む。出発間際に脱走兵が続出し、橋から川に飛び込む者も出た。そういう連中も引き上げてとにかく戦場に送り込んだという記事もある。こうした事実はこの平民新聞でしか知ることができない。

たしかに庶民の正直な姿を伝えている。むろん日露戦争が始まるや、国民の大半はこの戦争を支持して、ロシアに対する敵対心をかき立てた。冷静に戦争反対や非戦論を口にするのは、知識人の一部であり、庶民の生活感覚に浸っている者などが感情のままに不平不満を漏らしていたのだ。庶民の中には、戦争に駆り出されるのは嫌だとばかりに、「監獄入希望」の者も増えたらしい。

第14号にはこの監獄入《いり》希望者とはどういう連中かが書かれている。「横浜にて　上野町のブリキ屋より金三円を詐取したりと在りもせぬ事を訴へ出でたる者あり」「函館にて　炭一俵を窃取して逃げ出し捕へられたる者あり」

つまり監獄に入っていれば、衣食が保証されるというのだ。なぜ監獄に入りたがるのか、その理由は次のような運命に陥らざるためだというのである。芝公園で縊死する者がいることや神社の境内で凍死する者がいるから、と言い、無銭飲食をする者なども監獄に入りたがるというのであった。

平民新聞は一般の新聞が報じないことを懸命に「社会正義」の名の下に伝えている。もともと日露戦争反対の世論の拡大、貧乏人や一般大衆にもっと手厚い福祉を、というのがこの新聞の鍵であり、使命感でもあった。

日本とロシアは中国や朝鮮の利権をめぐって、政治的、軍事的対立を続けていた。その対立が戦争に発展するのが次第に濃厚になった。明治36（1903）年には戦争推進派の声が朝野に広がった。一般新聞、例えば国民新聞、二六時報、読売新聞、時事新報などは政府の圧力弾圧もあって、非戦論や反戦論を主張したり、そのような社会事業などを行ったりすることは厳に戒められていた。その間隙を縫って戦時下の日本社会を正直に書いていていたのが平民新聞であった。

その寄稿者、支援者たちには、今私たちが歴史の中に名前を確認できる人が何人もいる。社会主義というものを、日本社会に持ち込んできた中心人物である安部磯雄、石川三四郎、片山潜、金子喜一、小泉策太郎、田岡嶺雲、中里介山。それから、木下尚江、西村伊作、福田英子《ひでこ》、斎藤緑雨。

こういった人たちが平民新聞を支えていた。また全国の愛読者たちが通信員のような形でさまざまな出来事を知らせてきたりもした。結局、政府の弾圧で廃刊のやむなきに至ったのである。

実際問題として、世界の中で社会主義という思想は欧米のいろんな思想家なども書いてはいたが、体制としては存在していなかった。

ソ連のロシア革命はまだまだずっと先のことだ。そのような中で、思想としての社会主義というものが日本に持ち込まれてきた。

▼幸徳秋水と堺利彦——その決意の理由

この新聞はどのようにして発行されるに至ったのか。その経緯を書いておかなければならない。2人の人物が始めたのだが、その2人とは幸徳伝次郎（秋水）と堺利彦（枯川）である。

幸徳は社会主義、あるいは無政府主義の考え方を日本に持ち込んだ言論人。のちに冤罪の「大逆事件」で処刑されている（明治44年）。堺は社会主義思想を日本に紹介した学究肌の著述家である。

もともと2人は黒岩涙香《るいこう》の「萬朝報《よろずちょうほう》」に所属していて、論陣を張っていた。この新聞は各紙が日露戦争に傾いていく中で、非戦論の論陣を譲らず、孤軍奮闘の体で頑張っていた。しかし政府からの圧力が増し、社内にも戦争以外に道がないのであれば選択肢は限られているとの意見も多くなった。また社会の構造自体が開戦論に傾斜していった。幸徳や堺は孤立したのである。

このときに社会主義への関心を深めつつある知識人が集まって、非戦論の大会を開いた（明治36年10月8日）。ここで幸徳と堺は黒岩涙香と袂《たもと》を分かち、退社を決意している。これに同調したのがやはり社員であった内村鑑三であった。

もともと「萬朝報」は、極めて鷹揚《おうよう》な新聞社であった。日露戦争に反対して退社する幸徳、堺、そして内村に「退社の辞」を書かせて掲載している。黒岩をはじめとして社内に、少なからずの非戦派や慎重論の持ち主が存在したということであろう。彼らの退社そのものが、社の意向ではなく、政府からの圧力に抗しきれないということを間接的に語っていたのかもしれない。

幸徳と堺は連名で退社の真の理由を遠慮なく書いている。その出だしからはっきりと、会社側と異なる考えに達したためと明言している。

「予等二人《ら》は不幸にも対露問題に関して朝報紙と意見を異にするに至れり」というのである。その上で「我々がこの新聞で説いていた立場」を説明している。そこも引用しておこう。

「予等が平生社会主義の見地よりして、国際の戦争を目するに貴族、軍人等の私闘を以てし、国民の多数は其為に犠牲に供せらるる者と為すこと、読者諸君の既に久しく本紙上に於て見らるる所なるべし（以下略）」

しかし読者諸兄も紙面を見ておわかりのように、戦時になれば挙国一致が要求される事態に至っている。我々は沈黙を強いられる状態であり、沈黙して所信を語らないのは、我々が責任感を欠如していることになる。そこで黒岩君をはじめその他の社友と別れを告げることになったと書き、しかし諸氏との友情は忘れないといった内容であった。この退社の辞は、日露戦争非戦派の率直な意見でもあり、相応に歴史的意味もあると言えるであろう。

幸徳や堺は、社会主義の見地から反対というのだが、人類史はまだ社会主義思想の枠組みも明確になっているとは言い難く、ここでは「社会正義」といった意味であろう。とはいえ日露戦争反対の論理や感情が、この一文には含まれていると言ってもいいように思う。

これは明治36（1903）年10月12日に掲載されたのだが、内村鑑三の退社の弁（退社に際し涙香兄に贈りし覚書）も「萬朝報」に掲載されている。いわゆるこれが内村の説く非戦論の骨格ともいえる。その冒頭には次のようにある。

「小生は日露開戦に同意することを以て日本国の滅亡に同意することと確信致し候」

この戦争は日本の滅亡につながっていると、キリスト教に信を置く宗教家は確信したのであった。10年前の日清戦争の開戦には賛意を示した内村にどのような心理的変化があったのか──。

そのように読むと、内村鑑三の退社の辞は、幸徳や堺とは少々異なった立場からの弁であった。

幸徳や堺は思想面からの退社であったが、内村は「萬朝報」が開戦やむなしに傾いていく事情は理解しつつも、情として自分は忍ぶことはできないと心情を吐露している。自分が「萬朝報」紙に開戦反対の原稿を書くことで新聞自体が信頼を失うことになるだろうとし、「茲《ここ》に至て小生は止むを得ず、多くの辛き情実を忍び、当分の間論壇より退くことに決心致し候」と書いて別れを告げている。内村の場合、宛先は「黒岩涙香兄」になっている。

この退社の弁には、内村の温厚な精神や自らの思想のコア（核）は大切にするという生き方が示されている。幸徳や堺の持つ抵抗精神や反骨とは異なった形の筋の通し方をしていることがわかる。加えてのちに内村は、日露戦争への反対はあらゆる戦争に反対する宗教的信念に基づくことを明らかにするが、この退社の弁では、そこまでは明かしていない。

しかしともかく日露戦争に反対する有力な2つのグループが、「萬朝報」の退社時からスタートしたことは知っておく必要がある。思想グループと宗教グループの2つである。むろんこの他にも近代日本が軍事大国のロシアと戦争ができるほどの国力を持っているわけではない、との現実主義者の反対論もあった。しかしその声はそれほど大きくはなっていない。

この思想グループは「萬朝報」を退社して平民社を結成し、1カ月後に平民新聞を創刊している。とにかく非戦論を主張する新聞を作り、自分たちの意見は絶やさないでおこうという趣旨である。同時にこれは明治政府に公然と異を唱え、自分たちの思想を以て戦争反対を貫こうという意思の表れでもあった。

▼徳富蘇峰《とくとみそほう》らの強い批判

彼らはこの新聞を公共性の強いメディアにしようと考えていた。常に日露戦争に懐疑的な論陣を張るのは、国論の統一と挙国一致体制を主張する既存の新聞からも強い批判を受けた。

例えば徳富蘇峰は自らの「国民新聞」紙上において、挙国一致体制を妨害するがごときの この新聞に批判を隠さなかった。蘇峰は日清戦争後の三国干渉を見て、先進帝国主義の強圧的態度に怒り、民権派から国権派に移行していった。そのため、国論の分裂は彼らにつけ入れられるとの不満があった。むろん、そのような批判は蘇峰だけではなかった。

こうした事実を見ていくと、幸徳や堺は、まずは自分たちの仲間との連携を強める以外になかった。第1号の紙面に、あえて「発行事情」なる記事を掲載したのも、まずは仲間や同志に説明をしておきたかったのであろう。

幸徳と堺が退社の辞を「萬朝報」に掲載した日の夜、朝報社の社員たちが、2人のために築地の精養軒で送別会を開いた。彼らは気持ちよく送り出されたのである。そして2人は新しい道に進むことを決意した。翌日、幸徳の家を堺が訪ね、新しい新聞を誕生させることを決めた。この段階では2人とも、まだ明治政府に危険人物視されてはいなかったというべきかもしれない。

さて資金はどうするか。「扶持《ふち》に離れた我々が眼前の米薪の資にすら窮するに、ドウして数百数千の金を出し得るか」という問題に突き当たる。幸い幸徳の先輩である中江兆民の友人小島龍太郎（自由党左派）などの支援があり、「政府に納める保証金だけは出してやろうと云ふ」に力を得たというのであった。こういう支援者が少なからず存在したのである。さらに、後の平民病院の院長に就任する加藤時次郎が、「創業費として差当たり必要なだけを貸してやらう」と申し出たというのだ。

▼この時代に登場した先鋭的な女性論

編集部として借りた2部屋に、幸徳夫人が植木鉢を持ち込んだ。近所の人がやはり杉の樹立の鉢を提供してくれる。それから幸徳がマルクスとエンゲルスの肖像を並べた額を飾る。さらにウィリアム・モリスの肖像も持ち込む。その後、堺がゾラとトルストイの肖像を持ってくると、福田英子（社会運動家）がその額縁を寄付してくれる。

第1号の最初のページには「宣言」とあり、この週刊新聞が目指す方向を明確にしている。これに5項があり、最初の項目は「自由、平等、博愛は人生世に在る所以の三大要義也」とあった。第2項は以下のようにある。

「吾人は人類の自由を完からしめんが為に平民主義を奉持す、故に門閥の高下、財産の多寡、男女の差別より生ずる階級を打破し、一切の圧制束縛を除去せんことを欲す」

さらに社会主義、平和主義などを主張すると、他の項目ではうたっている。これが編集方針になるのだろうが、そのためか当時の庶民の正直な姿が、いくつも報じられている。

平民社の中心人物たる幸徳と堺の思想は、おおむねこういうところに集約できたというのであろう。思想家や作家など、極めて社会主義、人道主義などが混然一体となっているところが特徴だとも言えるであろう。

私が平民新聞のデスクもしくは記者の視点でこの新聞を見ると、記事を載せる際にいくつかの尺度を持って紙面を作ってきていたのだということがわかる。

1つ目は貧しい人たちの生活状況をきちんと書く、その実態を書くということだ。

2つ目は、小国主義ということ。小国の中にこそ私たち庶民の平和や幸せがあるのだという立場だ。

平民新聞の記者たち、あるいは幸徳秋水や堺利彦は、どうしたら日本国民みんなが幸せになるような国になるのだろうかと考え、この国は植民地を持つ帝国主義的な大国を目指すべきではなく、小国でいいのだと懸命に主張している。その生真面目さに言論人の誇りを感じるほどだ。

それからもう1つ。平民新聞を立派だと思うのは、女性の立場を擁護している点である。女性の権利を確保するということを、彼らは声高に叫んでいた。女性の地位についても、驚くほど先鋭的な意見を書いている。

当時は男性が妻以外に外で女性を囲うことが当たり前だったが、このようなことは女性の権利や、女性の生き方を愚弄してるのではないかと何本も記事を書いている。女性の権利どころか、まだ日本に基本的人権という考えが確立する以前の段階だったことは特筆に値する。

▼ロシアのスパイに味方するかのような記事も

さらに興味深いのは、各国の社会主義運動の動きを伝えていることだ。例えば「独逸《ドイツ》社会党大会」の見出しで、総選挙の結果がどうなったか、議会では何が問題になっているか、などを比較的丁寧に説明している。

そして安部磯雄が「社会主義の運命を決すべき問題（1）」として、社会主義には今問われなければならない問題がある、と論じている。宗教者の目での分析とも言えようか。

日本の社会主義運動の動きとして、各団体などの内部事情も伝えている。そこには理想団（朝報社を軸とした風紀の粛正を目指す）、風俗改良会（板垣退助の率いる会）、普通選挙同盟会（歴史ある団体。活動にぶし）、社会問題講究会（矢野文雄主宰団体、社会主義者多し）、鉄工組合（片山潜宅が事務所）、早稲田社会学会（早稲田の学生中心の社会主義団体、近日発会式）、日本フェビアン協会（学者の団体設立準備が進行中）などの団体の内部事情が語られている。

つまり平民新聞はこの時代の社会改革を目指す団体の機関紙でもあったのだ。政府にとっては厄介な団体であり、常時監視の対象になったというのも当時の世相から言えば当然でもあった。

当時の一般新聞には、「露探出没」という見出しでロシアのスパイ（露探）に気をつけよ、特にロシア人だけでなく、西洋人に「油断すべからず」との報道が目立っていた。むろんこれは陸軍省などが、戦意高揚策の一環として、意識的に流す啓蒙でもあった。そういうときに平民新聞の記事内容は露探に好意的な新聞、反国民的な新聞だとのキャンペーンにも意図的に利用された。

鎖国を解いてから30年余、国民の間ではまだ西洋人やアジア諸国の人々への警戒心が強かった。特に田舎に行けば行くほど外国人を見つめる目は厳しかった。

そういう記事を紹介するならば、明治36（1903）年後半の日本とロシアの関係が次第に険悪化していく時期の報知新聞などの報道がある。

「露国の探偵らしき者、近頃に至って続々入り込み申候。露国人は素《もと》より、米国人、英国人、獨逸人、何れも油断すべからず候（以下略）」

外国人はスパイであると思えと言わんばかりの記事だ。

日本人でも「注意人物」とされているものが街を徘徊している、とも書かれている。むろんこれは平民新聞に関わる人物などを指しているわけだ。とにかく「露探」は全国のあらゆる地域に出没するから注意を怠ってはならないと繰り返し報じられるのである。つまり日露戦争では、ロシア軍の日本本土への上陸も想定した上で警戒せよと国民に呼びかけていたのである。

日本の参謀本部の軍人たちが、どこまでロシア陸軍の大部隊が日本本土に上陸するかを考えていたかは定かでないにしても、少なくとも国民にそのような恐怖を伝えていたのは事実であった。

こういう時代背景をみると、平民新聞の論調はまさに「露探」に益するような内容にしか見えない。「露国とさえ言えば我が国人は直に悪魔か虎狼と同視するもの多し然れども彼等も人なり」と書き、世界の新聞記事からロシア人の長所を紹介したりする。戦争時の憎しみの感情をかき立てている他の報道に抵抗している。

▼「非戦論＝社会主義者＝反国家分子」という構図

平民新聞幹部の交友関係からこの時代のそれぞれの著名人との間で、どういう社会的位置が確認されていたのかもわかってくる。幸徳は中江兆民を畏敬し、そしてその言説の後継者たろうと考えていた。

兆民を畏敬し、かつ知識人、思想家として自らの師として仰いでいるのだ。

平民新聞紙上で、幸徳秋水や堺利彦、それに西川光二郎、木下尚江らが過剰に社会主義宣伝を行ったため明治政府の警戒心は高まり、司法界も神経をピリピリさせることになった。言論界でも彼らの非戦論に対する批判や不満はかなり強かったのだが、同時に客観的に見ての分析もあった。

例えば言論人の山路愛山は、こうした現象を捉えて、平民新聞が社会主義の宣伝を広範囲に行うのに対し、警察当局が躍起になって取り締まるために、かえって大衆が関心を持つようになったと指摘している。さらに非戦論は国民の中に一定の割合で支持者を持つに至ったと認めている（『独立評論』）。

平民新聞が次第に社会主義の視点で政府批判を始めると、政府は弾圧の方針を明確にしていった。第30号の社説では、幸徳の筆によるのだろうが、「政府に忠告す」と題して「社会主義者と新取締策」といった論が展開されている。冒頭は次のような書き出しだ。

「我政府は今般更に、吾人社会主義者に対して、厳重なる取締を為すべく訓令せり」

要は社会主義者や無政府主義者は、日露戦争の遂行に邪魔だ、その鼓吹者を徹底的に取り締まれと政府は警視庁などに通達を出したというのだ。さらに新聞各社の責任者を呼んで、社会主義者を取り締まるという記事を掲載するように迫った。警視庁は信念を持つ社会主義者が全国に3000人いると想定し、幸徳や堺はその中心人物だと睨んだのだ。つまり「非戦論＝社会主義者＝反国家分子」という図式が国家権力のもとに出来上がり、そこに関わる人物をいずれ狙い撃ちにする体制を整えていたのだ。

▼車窓から捨てられた弁当に群がる子どもたち

日露戦争は、実は日本社会の貧しさや社会的良識の理解がまだ底が浅いということを図らずも教えてくれていた。私たちはその貧しさを一般的な表現で学んでいたのに過ぎなかったが、平民新聞を読むとその窮状を具体的に理解することができるのだ。

平民新聞の論調の全てに同調するわけではないにしても、庶民の貧しさがどういうものか、戦争によっていかに困窮しているかなどを、ある範囲内で他紙には見られないほど意図的に伝えている。そういう状況を伝えることで戦争反対の空気をつくろうとしていたのであろう。

むろん日露戦争の日本の軍事的有利な状況は伝えない。逆にロシアの国内事情などを欧米の新聞を読んで邦訳している。トルストイの戦争に消極的な論をしばしば紹介しているのは、欧米の新聞にかなり掲載されているからであろう。

この新聞によって、日本社会の貧しさがどのようなものであったか、あるいは戦争によってどれほど疲弊していたかを見ていこう。

例えば汽車の通る沿線では、実際に汽車が通過する時間になると、線路脇には子どもたちが集まってきた。その子どもたちに向かって食べ残しが入っている弁当を乗客が窓から投げる。子どもたちが争って拾う。弁当にはまだ食べられるおかずなどが入っているからというのだ。少なくとも汽車に乗れる乗客は金持ちであるというわけだ。

戦争によって直接に潤うことのない職種は、極端なまでに景気が悪くなり、個人企業や零細企業は次々に閉鎖、倒産に追い込まれた。失業者の数は増え続け、「本所区などの口入《くちいれ》業者などは実に毎日毎日来る人も来る人も之を謝絶し先月一ヶ月間に只の二人にしか職を与ふる」ことができなかったという（第27号）。全国に餓死者が相当増えているにもかかわらず、その詳細は伏せられている。

房総九十九里浜で、京都で、そして東北各地で餓死者激増という記事もある。それによると、足利地方のある村で、親子5人の家族が数日にわたり食べるものがなく、餓死寸前になる。父親は、申し訳ない、死するの他なき旨を告げる。まだ7、8歳の子どもが「今一度固い飯を食べて死にたい」と泣く。父親は街に出て米屋に盗みに入る。体力もなくすぐに捕まる。わずかに分けてもらった米を持って家に帰ると家族4人がすでに餓死していたという話が記事になっている（第25号）。

こういう例がそれこそいくつも書かれている。日露戦争はまさに国運を賭けた戦争であり、日本社会の現実は我々の想像よりはるかに過酷だったということになろうか。

平民新聞の編集人、発行人でもある幸徳秋水や堺利彦は、政府批判が過ぎるとしてしばしば検挙され、即決の刑期を受けて監獄に入っている。月単位で釈放されるのだが、彼らの方も次第に慣れてきて「監獄内より観たる社会」などのルポ記事を書いたり、監獄内部の悲惨な状況を告発気味の記事にしている。

▼戦勝祝賀会での大惨事を平民新聞はどう報じたか

日露戦争は意外にも日本軍が有利に展開したため、国内では祝賀の空気が高まっていった。平民新聞はそういう空気と対決する姿勢も要求された。非戦論、反戦論は日本社会では弱虫扱いされたのである。

明治37（1904）年5月10日の午後6時からは、東京・日比谷公園で東京市内の新聞社、雑誌社、通信社が結束して、戦勝祝賀の提灯行列、公園内での模擬店開催など多彩な催しを行った。

当時の各紙の報道内容を見ていくと、市内の飲料会社、料理店、食品会社などからの無料サービスがあり、この日の市内は日比谷公園に向かう人波で混雑した状況になった。ビール、酒、寿司、軍用パンなどを無料で食べ、飲めるのだ。日比谷公園周辺はたちまちのうちに10万人を超す状態になった。

午後7時には号砲が鳴り響き、花火が打ち上げられ、人々の持つ提灯に一斉に火が点じられて、夜空に花よりも鮮やかな美観を描き出したと当時の新聞はのちに遠慮気味に報じた。このときにそう報じなかったのは、この提灯行列が、大惨事につながってしまったからだ。馬場先門橋から日比谷公園までの道のりは、特に人で埋まったのだが、市電を通すために一時通行止めにしたところ、まず橋の上で押し合いが始まり、それが瞬く間に人波に伝染していき、やがて身動きできなくなったという。

やはり各紙を読むと、「踏まれて叫ぶ者、倒されて泣く者、其処此処に見受けたるが、忽ちこの騒動に依て無惨なる死傷者を出すに及べり」という状態になった。そして各紙とも自分たちの主催による事故のためもあるせいか、「(原因は)其筋の抜目といはざるを得ず」とさりげなく死傷者を出したのは警備のせいと批判している。

さて平民新聞はこの催しをどう報じたか。新聞社などが一斉にこの催しを行ったが、平民新聞は一線を画している。記事の冒頭は次のようにある。

「嗚呼大惨劇、大罪悪は演出せられたり而も大日本国首都の真中央、皇居の付近数町の間に於て、愛国心の発揚てふ美名の下に於て、而《しか》して実に社会の木鐸《ぼくたく》たる新聞雑誌記者の手に於て！」

強い批判の原稿であった。その上で圧死せる者20人、負傷者は数知れずとも明かしている。しかも死者の大半は10歳から16、17歳の少年少女と、一般紙が伏せている事実を報じている。他紙の記者たちにあえて問い、「あなたたちは何を為そうというのか」とも迫っている。

戦争に伴う不祥事、あるいは戦時下だから起こる犯罪や蛮行は、それほど報じられない。いや、ときには全て伏せられてしまうというケースとて珍しくない。特に軍の内部情報や兵士たちの暴動騒ぎなどは新聞で報じられない。ところが平民新聞は地方にも読者がいて、そうした読者がまるで通信員のように記事を送ってくることもあったらしい。

▼遊郭での騒ぎに「兵士の堕落」と手厳しく

そういう例と思われる記事も掲載されている（第24号）。「兵士の堕落」という見出しで伝えられているのは、広島西遊郭内で数百人の兵士が入り乱れて乱闘を繰り広げたというニュースである。そのため妓楼1軒が全て破壊されたという。鎮圧のために憲兵隊が出動したというのだ。結局憲兵隊員が1人重傷を負い、兵士多数にケガ人が出たという。

平民新聞は書く。「甚だしい哉《かな》兵士の堕落や、然り吾人は敢《あえ》て堕落なりといふ」と。たぶんこのニュースは掲載してはならんとの命令が軍から下されたということにもなるだろう。そのためか平民新聞は事件の大まかな枠組みはトクトクと書いているが、内心では発行禁止などの処置に怯えていたのではないか。

この事件は日露戦争に出征する兵士たちが、日本での思い出に徒党を組んで廓に乗り込んだと言えるのではないか。そのうちに小さな揉め事が起きて次第に広がり、芸妓も慌てて家から逃げ出すことになり、大騒ぎになっていったように思われる。性のはけ口のこの騒動も簡単には収まらない。むしろ遊郭の備品を壊したり、兵隊たちの間で際限なく物品を持ち出したり、一軒の遊郭はたちまちのうちに廃虚と化したというのである。

平民新聞は、こういう青年兵士たちにいたく同情を寄せている。だから次のように書くのである。

「(乱暴狼藉した) 彼等も元は純朴なる農夫職人なり彼等をして此殺伐乱暴の性を養はしめたる者は一に境遇の罪なり」

兵士たちは戦争という不条理に駆り出されたが、欲望のままに振る舞うのは人間としても堕落していると平民新聞は忠告しているのである。

平民新聞はこうした記録や報道内容を巧みに整理して、戦争被害の影響の範囲なども独自に分析している。遊郭での暴動まがいの動きの他、さらには福島県や岡山県の高等女学校では体操検査の際に「裸」のままで検査を行ったというし、校内で盗難が起こると女学生を裸にして体力検査を行ったという。教育現場が混乱していることも日露戦争が影響していると見ているのである。

戦争によって起こっている暴力事犯が性的な方向に走るのはどの国でも見られることにしても、日本のこの新聞もいずれ国内でそのような性的事件が起こるのでは、と懸念していた。やはりそうなっている。

▼「ひねくれ者とは、何だ！」

平民社同人に対して、最も激しく攻撃したのは2つのタイプに代表される論者であった。1つは国粋主義的志向の強い学者、ジャーナリストたちである。もう1つは宗教家を中心とするグループであった。むろんこの他にも政府に追随する批判グループは存在したが、一般に影響力を持ったのはやはり2つのグループだったと言ってもよいであろう。

こうした攻撃に対して、平民新聞は時折ページの多くを割いて反論することがあった。この攻撃と反論は、図らずも明治中期の知識人の考え方やその思想的傾向を浮き彫りにすることにもなった。

平民新聞第24号の「文壇演壇」というページに哲学者で東京帝大教授の井上哲次郎への反

論が5ページの半分ほどを使って掲載されている。

「主義論者にあらずんば、人にあらずと云はるる此の際、予《かね》て憂国哲学者として有名なる井上哲次郎に、非戦論攻撃の論あるは怪しむにたらず」

とした上で、徹底した批判を加えている。批判の論点は3点である。平民新聞側はこの3点をもって単に井上を批判するだけでなく、学者の批判に応えようとしたとも言えるであろう。それゆえに歴史性があるということになるわけだ。

第1は、平民新聞の非戦論は反社会的だという点への反論だ。日露戦争は政府や軍人の衝突であり、非戦論のごとき個人の意見は反社会的という論への反論と言ってもよい。「我々が同じ社会に属している以上、その社会の戦争への発言はできる」という主張である。

第2は「不正不義を膺懲《ようちょう》するの戦争でありましたならば、之に反対することが反って不正不義となる訳であります」と井上は主張するが、平民新聞はこの点は特に反論していない。基本的認識が違うというためであろう。

そして井上の批判の第3は、極めてユニークな論を用いている。平民新聞にとってはとても納得できない論となるのだが、ひとまず井上の論を紹介すれば、以下の内容である。

「戦争は残酷であるから之はよすべきものであるといふような議論は腐儒の胡乱《うろん》であります。如何となれば戦争の残酷はわかりきったことである」

と言い、もし戦争をしなければなおのこと残酷な状態が我が同胞に襲ってくる、それは容易にわかるだろうと非戦論者に詰め寄っている。

平民新聞にとってはくみしやすい論であったのだろう、簡単に「戦争は更に戦争を生み更に不幸を生むなるもの」を井上氏は知らないと答えている。しかし平民新聞が真に怒ったのは、「内村鑑三氏は『ひねくれ者』」と嘲る一節だったようだ。平民新聞は怒り、反論する。

「内村氏は勿論社会主義者に非ずして吾人とは根本的思想を異にせるも、而も非戦の一事に就いては非常の熱心を以て之を唱導し居れり」

と称え、その論は国際社会にも紹介されていると評している。

これに対して「大学者」の井上は、正確に内村を見る目はなく、狭い範囲での批判にとどまっていると明かすのだ。「ひねくれ者」とは何をいうか。このころ（明治37年4月時）内村の論のどこがひねくれているというのか。そしてこの時期の内村の原稿や記録などを丁寧に紹介している。つまり内村が神戸クロニクルに書いている「日露戦争について」の内容を分析している。その内容に対して、内村の論が「ひねくれ」なのか、それとも内村を批判する論の方がひねくれ者なのか、読者の判断に委ねようというわけである。

それにしても井上は、平民新聞の存在が苛立たしい限りなのであろう。事あるごとに揶揄し、批判し、そしてその影響力を阻止しようとしている。それは何を意味しているのだろうか。

日露戦争下での日本社会は4つの構図を描き出したということだ。

①　非戦、反戦のグループ
②　戦争遂行のメディア
③　言論人、学者のグループ
④　政治と軍事の指導者

それが次第に明らかになっていったのだ。

もともと非戦論は日露戦争の開始前からある程度の勢いで語られていた。しかし日露戦争が決まりきった公式の非戦論を超えて2つの新しい流れを作った。この流れは大正、昭和にもそのままつながっていく。その1つが社会主義者の反戦論であり、もう1つが宗教者の非戦論であった。この2つの流れの源は明治37（1904）年の平民新聞だったのである。

▼日本を警戒する「黄禍論」への反応

平民新聞は、一般新聞にはない論調を読者に提示していた。全面的に賛成しているわけではないにしろ、無抵抗主義などがその一例である。もうひとつ顕著なのが「黄禍論」についての日本側の反応を批判していることだ。この論点がなかなか興味深い。これを説明しておきたい。

対ロシアの戦争は、ヨーロッパに黄禍論を再燃させてきた。イギリスやフランスなどでは、黄禍論は中国を意識しているわけだが、中国に代わってこれからは日本がヨーロッパでの黄禍論の対象になるのではないか、との予想記事や観測記事が広範囲に報じられるようになった。日本政府はこれに慌てたらしい。というのは対ロシア戦争の戦費調達には欧米の有力財閥に国債を買ってもらう必要があった。黄禍論はその妨害の役を果たすことになりかねない。政府の御用新聞である国民新聞の徳富蘇峰などに対しては、

「黄禍論の現出に狼狽を極めて百方之が弁解に力む。例の徳富蘇峰氏は、支那人が到底国家的勢力たるを為可からざるを論じて之が弁解の基礎となす」（第29号）

と批判の対象にしている。第30号でも批判しているところを見ると、日本国内にも黄禍論批判にいささか心外だとの不満が潜在化していたのだろう。

徳富は、その紙面上でイギリスの評論家が指摘する黄禍論にひとつずつ反論している。例えば、「日本の勝利は西洋の東洋に対する威信の失墜を意味す」という論に対して、徳富は以下のように書いていると紹介する。

「日本の理想は所謂《いわゆる》アングロ・サキソン主義の勝利也、他の亜細亜人種に於て　何の縁故が是れあらむ、若《も》し日本の勝利の為に尤も利益を被るものあらばアングロ・サキソン人種たる

英国と米国とのみ」

さらにこのイギリスの評論家は、日本の野心は中国を支配し、次に極東を支配して、つまりはアジア人種の指導者になることを目指しているのであろう、だから黄禍論として警戒するのだとの見通しを語っている。これに徳富は次のように反論する。

「聊《いささ》か恥じ入りたる次第ながら我国民には斯《か》かる野心は其の痕跡だもなし、斯かる妄想を幻現して自ら煩悶せんよりも何ぞ平直なる事実を正視して西洋文明の勝利を祝賀せる」

平民新聞は、「ここに本音があり、日本の兵士はイギリス、アメリカのために戦争をさせられている」と主張している。

▼休刊後、世に漂いはじめた戦争への疲労感

平民新聞は明治中期の日本社会をかなり正確に伝えている。改めて個々の報道内容を見ていく限り、日本の知識人は意外なほど幅広い知識を求めていて、外国の文献なども意欲的に読んでいたことが明らかになる。逆に平民新聞には毎号英文のページが1ページほどあり、海外にも送っていたため国際社会でもその存在は知られていた。日本国内で反戦、非戦を訴える新聞があることに驚きを持って迎えられていた。

そのことは平民新聞の編集に携わる者には大きな喜びであったが、政府や軍部から見る

と、許しがたい利敵行為とも見られたのである。むろん同業の新聞各社にとってもそれは納得できない行為であった。

しかし日露戦争をめぐってアメリカなどの講和交渉の呼びかけなどが行われる明治38（1905）年2月ごろから、一般新聞も戦争の悲惨さを国民に伝えていく。むろん日本軍の戦勝の報道第一主義であったにしても、その裏側も記事にするのである。そのことは講和の動きを歓迎するとの意味がこもっていて、一般新聞にはそういう時代の息苦しい空気を政府がなだらかにしていくとの計算があったのであろう。

だが平民新聞は国家、警備当局、そして同業他社からも結局は白眼視され、弾圧を受けるたびに孤立を深める方向に傾いていった。責任者の監獄入り、罰金、さらには再下獄と繰り返される弾圧に抗する手段も次第に限られるようになる。そこで幸徳は自主的にひとまず休刊を決めた。こうして平民新聞は明治39（1906）年1月に読者にこの新聞の休刊を正直に伝えたのであった。

明治から大正、昭和への道筋を見るときに、この新聞が果たした役割を正確に見ておくことが必要だと私は痛感する。そこには現代につながる貴重な教えが詰まっているからである。日露戦争は明治38（1905）年8月に終結した。ロシア国内で革命が起き、両国とも戦争継続が困難となり、米国の斡旋で日露講和条約が結ばれたのだ。ただ、日本が強大国に勝ったように喧伝されたが、実際には国内でも戦争による疲労感が漂い始めていたのである。

2 大逆事件の暗黒裁判

▼宮下太吉、爆弾製造に成功

明治40年代に漂う戦争疲れとは、何だったのか。

幸徳秋水の元にはかつての平民新聞の地方の読者が訪れることが多かった。そんな状況下で先に触れた冤罪の様相が濃い「幸徳事件（大逆事件）」が起きた。

事件の経緯はすでに多くの書によって明かされている。詳細には触れないまでも、その発端だけはまず記述しておこう。

明治42（1909）年に入ると、幸徳の平民社に宮下太吉、新村忠雄、古河力作などの青年がよく出入りするようになった。宮下は長野県に住む工員で、その腕を生かし、爆裂弾をひそかに自力で作ることに熱中していた。思想的には平民社の刊行する秘密出版の社会主義的文献に目を通して、直接行動を志向する無政府主義者と言ってもよかった。

彼が密かに爆裂弾を製造していたのは、天皇へ向けて投げるためだったとされている。無論こういう計画は広く幸徳周辺の直接行動派に伝えられたのではない。雑談の中で確認されていったというのが本音であろう。

そして宮下は明治42（1909）年11月に爆弾の製造に成功するのである。

これを天皇に投げつけるという直接行動と、天皇のいない自由国家を作りたいとの政治的信念が宮下らの胸中に合体していったように思われる。しかしこういう考え方は誰もが納得し、賛成するわけではない。

平民社を訪れることが多かった宮下は、他の仲間や幸徳秋水にもその種の過激な案を話したりしている。とはいえ幸徳はそうした考え方に賛成などしていない。実際にそんなことが可能だなどと信じてはいなかったのだ。幸徳は宮下らの不穏な動きには一線を引く形で、次の運動誌の刊行を目指している。

この運動誌の発行人は管野《かんの》スガで、別の事件で獄中にいる荒畑寒村（社会主義者、著述家）の妻であった。管野と幸徳の同棲生活が暴かれることにもなり、運動の周辺にいる同志の一部が幸徳らから離れてしまうことにもなった。

結局、爆弾製造・投下の計画は、宮下、管野スガ、そして紀州の大石誠之助や新村忠雄、それに古河力作などの間にも伝わった。

しかし、宮下ルートの爆裂弾製造が警察当局に察知され、そこから一気に製造に協力していた職工らが検挙された。警察、司法当局レベルから政府の社会主義者弾圧の大掛かりな計画が一方的に想定され、次々と社会主義者と無政府主義者が検挙されていった。

▼恐怖と憎悪を下敷きに治安立法成立へ

大逆事件は、近代史の中で国家権力が弾圧の手法を確立した事件でもあった。壮大な虚構のドラマを作り、その筋立てに人物を当てはめるという手法でもあった。

このような「フレームアップ事件」は、近代史の中では決して珍しくはなかった。ひとたびこうした事件に巻き込まれると、当事者は処刑されてしまうといった苛烈さもあり、歴史の中に不透明なまま定着してしまう残酷さも持っていた。事件はまさにそういう展開となって進んだ。

宮下太吉は長野県明科《あかしな》村で検挙された。職工仲間4、5人でブリキ缶をいくつも作り、一方で薬品を粉末にしているところを地元の巡査にも疑われたのだが、その段階では小さな事件程度であった。当初はその程度の認識であったのだ。その4、5人が検挙されたに過ぎない。明治43（1910）年5月のことである。

ところが警察、司法当局は、こうしたメンバーが幸徳秋水の元にしばしば出入りしていることを根拠に、社会主義者や無政府主義者が爆弾を持って天皇制に抗議する、いわばテロ計画が存在したという筋書きを作り、全国一斉に社会主義者、無政府主義者の検挙に乗り出した。数百人に上るのではないかというから、まさに手当たり次第である。想像するに、すでに休刊となっている「平民新聞」の読者リストなどが検挙の根拠になったのであろう。

一般の人々は社会主義者の恐ろしさに驚き、呆れ、そして言葉を失った。

最終的に起訴されたのは26人である。この26人に対する取り調べ、そして裁判は例を見ないほどの暗黒裁判であった。そして山縣有朋らが、いかにこの26人を怖がっていたのかを、図らずも告白することになった。大逆事件の本質は、新しく起こってきた社会主義思想への恐怖が根底にあった。多分それは山縣有朋らにとって、明治10年代に燎原の火のように広がった自由民権運動を想起させるものであったのだろう。

国家権力を暴力という視点で見れば、この事件は2つの特徴を持っている。この2つを語っておきたい。近代史の根幹に関わるからだ。

1つは、国家権力は自らに不都合な思想、哲学、価値規範などを弾圧するときに、国民に対して恐怖と憎悪を与えることを常套手段とすることだ。

大逆事件では、第1段階の7人検挙から一転して全国各地で社会主義者、無政府主義者の大量検挙に踏み切り、こうした思想の持ち主は天皇暗殺計画などを平気で考えるやからだとレッテルを貼り、憎しみを持つように誘導している。この頃は社会主義体制はまだ人類史の上では登場していないが、思想として危険であることを国民に伝えたことになる。

もう1つの特徴を挙げると、こうした恐怖と憎悪を下敷きに治安立法を成立させていくことである。

警視庁の内部に高等課を新設（明治39＝1906年）し、やがてこの組織は全国規模に拡大して、特別高等課となり、思想の弾圧に狂奔する政治警察となっていくのである。この組織が昭和という時代には異様なまでの弾圧機構に転じていったことはよく知られている。この政治組織は思想や哲学を取り締まる最前線の役割を果たしたのであった。

▼近代史の汚点――国家の暴力

裁判は非公開で行われ、被告側の証人は全く呼ばれず、大審院での1審即決の裁判であった。司法界などでも「暗黒裁判」だと批判の声が上がったほどであった。

裁判は明治43（1910）年12月10日に第1回公判が開かれ、翌年1月18日には判決が言い渡された。2人を除く24人に死刑の判決が伝えられた。検挙から判決までにわずか8カ月しか要しなかった。

翌日には「天皇陛下の御慈悲」により、24人のうち12人が無期懲役に減刑されると新聞に報じられている。そして判決から7日後の25日、12人の処刑が断行された。

菅野スガだけは翌日の処刑だった。クリスチャンでもあるスガは、処刑当日に面会に訪れた堺利彦に心情を明かしている。スガの妹は結核で亡くなっているのだが、自分も妹の傍にあって、永遠に眠っていたいと言う。同志と共にではなく、血縁の者と静かに天国を見たいというのであった。

また、スガは取り調べの刑事らに女性として辱めを受けたともいわれていて、いささか事実を大げさに語ったとの見方もある。「大げさな証言」とは、これも権力側の「フレームアップ」の結果ではなかろうか。

ただ、堺によればスガは淡々と刑の執行を受け入れて、別に恐れることもなく絞首台に上ったという。

25日の集団での処刑は詳しく報道されている。つまり判決、天皇からの恩赦、処刑という一連の動きは、かなり詳しく国民に知らされているのだ。このあまりの手際の良さには、あえていうなら2つの思惑があったとみることができるだろう。

1つは国の内外での暗黒裁判への批判封じのためである。アメリカ、フランス、イギリスなどでの批判が高まりつつあった。特に幸徳秋水に関心を持っていたアメリカの社会主義団体などからは強い抗議の意思が伝えられてきていたのだ。

そしてもう1つは、これまで論じてきたように日本国民に社会主義者などへ関心を持つと情け容赦なく弾圧する、命を失うことになるぞという恫喝を植え付けることであった。判決から処刑までの被告たちの様子を詳しく教えることで、国民への教育を進めていたことになったのである。

しかし天皇の慈悲についての報道には、政府の矛盾が露呈しているので記述しておく必要があるように思う。大逆事件の判決が下された後に、首相と法相はすぐに天皇にも報告している。新聞報道では、

「今上陛下には、却て此の頑冥なる被告等を憐ませ給ひ、左記の死刑囚十二名に対して、一昨日午後六時減刑の恩命を下されたり」

とあり、その手続きを説明した後に、次のような記事が掲載されている（引用はいずれも東京朝日新聞）。

「同夜九時過東京監獄内の被告等に恩命を通達したるが、房内の厳寒に日に縮まり行く運命を感じつつありたる彼らは、此の仁慈なる大御心に感激して、唯涕泣《ていきゅう》滂沱《ぼうだ》たりしならん」

その上で助命された12人の名が並ぶ。残りの12人は死刑のままだという。そしてこの5日後には処刑されている。「逆徒遂に絞首台の露と消ゆ」との見出しで報じられるのである。

1月26日のいくつかの新聞には、幸徳秋水の処刑の様子も詳しく書かれている。むろん新聞記者がその場にいるわけではないのだから、刑務所側が細かく記者発表したということでもあろう。司法当局のこの発表の形を見ていて、すぐに次のようなことに気がつく。そこには近代史の汚点ともいうべき国家暴力の姿が凝縮されているとも言える。

① 社会主義、無政府主義思想は国家の最大の敵であり、その思想の持ち主は抹殺する
② 幸徳秋水の法廷での意見陳述、被告たちの弁論を非公開にした理由を考えてみる
③ 当時の知識人たちの衝撃と国家に対する不信など社会の底流に反政府感情が流れる

そもそも「大逆事件」と称したのも、12人の死刑囚の全てに、あたかも天皇に爆弾を投げつけるかのような印象を与える意図があったからだろう。

そして知識人が不安になったのは、社会主義や無政府主義に関心がなくても、国家が気に入らない思想の持ち主を生かしておかないという道を歩き始めたことであった。また、その恐怖心が、さらに不安を増幅させたのである。

第5章

テロリズムの台頭と戦争

歴史を暗転させてきた暴力主義とその系譜

テロの標的となった3人。上から大久保利通、板垣退助、原敬。板垣のみ一命をとりとめた。

明治10年代から明治22年まではテロの時代であったが、いろいろな形のテロがあったが、大きく分けると2つになる。1つは不平士族（武士）のテロ。

明治政府が発足して新しい政治体制をつくっていったが、既存の幕藩体制が解体されることで武士階級の特権が奪われ、ほとんどの武士が切り捨てられることになった。それに不満を持った士族の怒りや反乱がテロという形になって表れたのである。この流れに次のような2つ目の新しい形のテロが加わる。

明治政府は政治の制度や法的理念、生活習慣などあらゆる面で欧米化を推進していく。これへの国粋主義者からの反発は大きなものがあった。日本の文化、日本の伝統が崩れるのではないかという怒りだ。これらの反感は一般にも広まったが、その反感の対象になったのが欧米の新しい思想を受け継いだ自由民権運動の指導者たちや、明治政府の指導者たちだった。彼らは次々とテロの対象となっていた。

1 紀尾井坂の変

▼大久保利通に恨みが集中した

明治20年代半ばまでの主なテロを数えると15、16あるが、今述べた2種類に大きく分けられる。

不平士族のテロの典型的なケースが明治11（1878）年5月14日の「紀尾井坂の変」で惨殺された大久保利通である。大久保は明治政府の実質的トップで、日本社会を江戸幕藩体制から大きく変えるにはヨーロッパの制度を入れるしかないと考えたのだが、その新しい国づくりのプログラムに不平士族は納得できなかった。

士族はもともと各藩に所属していたわけだが、大久保がその制度を解体したので武士たちは失業した。生活に困窮し、プライドがズタズタに傷つけられた武士たちの恨みの目は大久保に注がれた。不平士族が書いた斬奸状にも政府と大久保への批判が読み取れる。

金沢の旧加賀藩の不平士族が中心になって、東京・紀尾井町清水谷《しみずだに》で大久保を殺害したのだが、ひどい殺し方だった。大久保は馬車に乗っての出勤途中だったが、御者や同乗の秘書まで殺害し、大久保に至っては6人の武士によってメッタ切りにされている。それだけ恨みが深かった。惨殺と言いたくなるようなテロだった。

欧米に反感を抱いた国粋主義者のテロには、板垣退助へのテロ、森有礼の惨殺がある。大久保にしろ、板垣にしろ、これらの事件は教科書的には書かれているのだが、その裏側にはもっと人間的なドラマがあり、それが歴史の中でどのような流れ方をしているのかを検証したい。

▼牧野伸顕の危機回避術

大久保利通の次男に牧野伸顕という人物がいる（のちに娘の和子が吉田茂と結婚する）。牧野姓を名乗っているのは牧野家に養子に入っていたからで、牧野伸顕は優秀な人物として名が知られるようになり、大正時代から昭和にかけて宮中に入り、天皇の側近になる。外交官としてロンドンでの生活を体験するなど、本当のジェントルマンだと言われてもいる人である。

牧野は昭和に起きたテロで何度も命を狙われた。昭和7（1932）年の五・一五事件に血盟団事件、昭和11（1936）年の二・二六事件などさまざまな形のテロで彼は殺害対象になっている。天皇の側にあって宮内大臣や内大臣を歴任した人物だったからだ。

昭和天皇は牧野伸顕を最も信頼していた。天皇が信頼していると、なぜ狙われるのか。

昭和のテロリストたちはこう考えていた。

天皇は自分たちの考えを理解していない。それは天皇の周辺には我々の考えを伝えることを邪魔する者がいるからだ。それこそが牧野伸顕である――。

「君側の奸を除く」という言葉がある。君側とは君の取り巻きのこと。君の判断がねじ曲がっているのは、君ではなく、「君側」のせいである。故に君側を取り除くというのである。

本当の敵は天皇ではなく、天皇の側近だ。それを排除するというのが昭和のテロリストたちの思考だった。英米派とみられていた牧野の西洋的な考え方も、昭和のテロリストたちは嫌悪していたはずだった。

そのため牧野は命を何度も狙われることになるのだが、驚くことに全部うまく逃げてしまう。事前に情報が入ったこともあるようだ。このことについて私は牧野の孫やひ孫たちから話を聞いたことがある。

「牧野伸顕はどうしてあのようにテロに遭わずに逃げられたのでしょうか」と尋ねた。

牧野の縁者たちは、「私たちが牧野家で聞いている話としては、祖父の伸顕はテロに対して、本当に神経を使っていました」と言う。

どうしてだろうか。

大久保利通が明治11（1878）年にテロに遭難したとき、牧野伸顕は17歳だった。父が惨殺された様子を少年でありながら詳しく知っていたらしいと言う。親族から教えられていたようだ。そのため、牧野は少年期から大人に成長していく過程でも、そして天皇の側近になっても、徹底してテロに対する恐怖を持つことになった。

だからテロの情報を積極的に集めていく。集める中で自分が標的になっていることを知り、うまく身をかわすということを常に心がけていた。そのようなことを縁者の方が話してくれて、私はなるほどなと得心したのだった。

▼「板垣死すとも自由は死せず」と本当に言ったのか？

板垣退助たちが始めた自由民権運動は、国会開設や憲法制定の目標を掲げていた。私擬憲法が作られ、暴動も起きるなど、機運は全国に広がり、明治政府は非常に警戒した。

明治15（1882）年4月、板垣退助は28歳の小学校教師によるテロに遭う。

自由党党首として岐阜県に遊説に訪れた板垣は会場を出たところをナイフで切りつけられたのだ。体に受けた傷はたいしたことはなかったが、板垣は刃の部分をつかんでナイフを取り上げたので、手から大量の出血をした。犯人はその場で取り押さえられた。このときに

「板垣死すとも自由は死せず」と言った——。ここまでは教科書に書かれている。いわば歴史のA面である。

この発言は本当なのか。ここが歴史のB面、社会面に興味を持つ人たちの関心である。

実は証拠がなくて、言ったかどうかははっきりしないのだ。当時の新聞記事や犯人を取り押さえた様子を記している『自由党史』という本にも、詳しく書かれていない。現場は混乱していたので、細かいことはわからなかったようなのだ。

ところが、世の中には当時も今も私と同じように、本当かと疑問を持って調べる人がいる。ある地方紙の記者が、自分で調べて私家版で本を出していた。年月をかけて資料を調べ、昭和になってから出版をしていたのだ。

この本に、なるほどと思うことが書いてある。竹内綱のことである。竹内は明治10年代に自由党が全国各地で演説会を催すときに板垣に付き添っていた男だ。高知出身の自由党員で、自由民権運動の闘士だった。

この竹内綱が、事件の様子を新聞記者らに説明していた。〈板垣さんはたいしたものだ。ケガをしたが「何をするか!」と一喝して犯人を押さえつけた。そのときに「私が死んでも自由民権運動の自由は死なない」と、テロリストに怒鳴った〉という内容である。

これが「板垣死すとも自由は死せず」という形となり、次第に教科書に載る歴史になっていったのだ。だが、その後、板垣は明治政府の支援を受けて欧州視察をする。このことで板垣は政府に懐柔された、変節したと批判を受け、自由民権運動は潮が引くように衰退していったとされる。

さらに教科書に書いていない話をしよう。テロの犯人は無期懲役になったが、大日本帝国憲法発布による恩赦で釈放される。『自由党史』によると、釈放後、彼は板垣に会いに行き謝った。板垣も自分が道を外れるようならいつでも襲ってきなさいと大物らしく応対し、テロリストは「はい」と答えたという。

しかし、事実だろうか。日本の歴史上、テロリストが襲った人に会いに行き謝罪した事例はほとんどない。

そのテロリストは、これからは北海道の開拓に命を捧げますと板垣に身の処し方を告げ、実際に名古屋から船に乗って北海道へと向かった。ところが、船上で行方不明になる。海に飛び込んだらしいのだが、自殺したのか、殺されたのか、誰にもわからない。

板垣へのテロはなんとも不思議な事件だった。

「板垣死すとも」という言葉を広めたとされる竹内綱という名前に思い当たる人はいるのではなかろうか。竹内の子どもが、吉田茂なのである。

横浜に吉田健三という人がいた。吉田は英国商社の日本支社長として日本政府を相手に大儲けし、自ら起業し財をなした実業家である。自由民権運動の闘士として板垣退助や竹内の支援もしていた。

竹内には子どもが何人もいたが、吉田健三にはいなかった。そこで吉田は、「今度男の子が生まれたら、私の養子にさせてくれ。家督を継いでもらいたい」と、竹内に頼む。そこに生まれたのが茂である。生まれてすぐに吉田家に養子に入り吉田茂として育つ（茂の孫が麻生太郎・元首相である）。

小学校、中学校時代の吉田茂はとにかく生意気でわがままだったようだ。学習院はじめ学校を3つも4つも替わっている。ともかく近代日本の歯車の中で、吉田茂という人物は、かなり面白い生き方をした。

高知出身の竹内綱や板垣退助らは理論的な勉強をする際、中江兆民の翻訳書や著書をよく読んだ。兆民は、フランスのルソーが著した『社会契約論』や自由民権運動、フランス革命の思想を日本に紹介した人物である。

兆民も自由民権運動の闘士で土佐の高知出身。欧州留学もしている。彼は明治24（1891）年には北海道の小樽に移って「北門新報」を創刊し、主筆として社説を書き、実業家として多くの事業に出資して失敗している。なかなか破天荒な人である。

兆民には2人の子どもがいた。その名前を見ても兆民のざっくばらんな性格がわかる。

長女は千に美しいと書いて「千美」と名付け、息子には丑吉と名付けた。成長した千美が嫁いだのは竹内綱の息子だった。吉田茂の兄である。これが教科書には書かれない土佐の自由民権運動家の人間関係である。

土佐という地域は面白い。彼らはフランスの自由思想に理解を示しているから、明治政府の強権的な政治は許せないとの思いが強かった。明治政府は保安条例を作って、「政府に反対する者は東京周辺に住むな」と命ずる。そのため中江兆民は東京から追い出されている。その兆民の家で門弟として居候をしていたのが、前出の幸徳伝次郎こと幸徳秋水。彼も土佐の高知出身である。

大久保利通、牧野伸顕、吉田茂——。明治のテロが大正、昭和とつながっていく。明治に起きた微妙な関係を伏線としながら、新たな時代に入っていくのだ。人の動きが激しいときに、こういうつながりがひょっと顔を出す。別の言い方をするならば、B面の歴史が表に浮上するのである。

2 大正期のテロリズム

▼確信犯のテロリストたち

大正時代は、明治と昭和に挟まれて歴史の年表に窮屈そうに抑え込まれている。明治の45年、昭和の64年に比べればわずか15年である。無理もないということか。

しかしこの元号の時代をよく見ると、いろいろなことに気がつくのだ。大正デモクラシーといわれて、いわば日本に民主主義が独自に根付き始めたというイメージ。一方で関東大震災時の朝鮮人・中国人の惨殺という血なまぐさいイメージもある。

第1次世界大戦では、巧みに参戦の意思を示して、軍事を動かし、その見返りにドイツの持っていた中国での権益を手中に収めてしまう。なかなか目先の利いた帝国主義的手法も駆使する。鎖国を解いてからほぼ半世紀、国家としての振る舞いは急速に大国並みの行動力を身につけたとも言えようか。

こうしてこの期の史実を挙げてみると、すぐに「光と影」が見事にコントラストを描き出していることがわかる。当然ここには多くの人間ドラマが抱え込まれているはずである。そのドラマを追いかけてみたい。

大正時代のテロリズムには、3つの大きなものがあった

① 安田財閥総帥・安田善次郎を短刀で殺害し、その場で自害した朝日平吾

② 原敬首相を東京駅で刺殺した中岡艮一《こんいち》という鉄道職員。18歳くらいの青年

③ 大正天皇の摂政宮、のちの昭和天皇にテロを起こした、23歳ほどの難波大助

財閥トップ、首相、天皇家が狙われたのである。

まず、大正10（1921）年9月28日に安田を殺害した朝日平吾について話を深めていこう。

朝日は言ってみれば右翼団体の活動家で、日本主義的な考えに立ち天皇を中心とする国家でなければならないと考えていた。

朝日のこの心情を最も理解できるのは、彼が行為を起こす際に、しかるべきところに送った「死ノ叫声」と題した長い文章の斬奸状だ。ここには朝日が安田善次郎を殺害する理由が書かれている。

送り先のひとりは北一輝だった。当時の北は国家主義的な理論家として台頭してきたばかり。その他の送り先は自分が属している右翼団体であった。

斬奸状の出だしが興味深いのだが、こんなことを書いている。

「奸富安田善次郎巨富をなすと雖《いえど》も富豪の責任を果さず、国家社会を無視し、貪欲卑吝《どんよくひりん》にして民衆の怨府たるや久し。予其の頑迷を愍《あわれ》み、仏心慈言を以って訓《おし》ふると雖も、改悟せず。由て天誅を加へ、世の警めと為す。（以下略）」

安田は吝嗇家《りんしょくか》で、得た富を国民に還元するわけではない、だから、テロを加えるというわけである。安田が実際にケチだったかどうかは判然としないが、当時の財界は巨額の富を積み上げ豊かな生活をしている、大衆を泣かしているという構図を朝日は言っているのだろう。朝日は、自分が関係している事業に寄付をしろと頼んだが、何度も断られたとも言っている。一方、朝日は自分についてなんと言っているのか。

「神聖の日本人は陛下の赤子である。天皇陛下の分身たる栄誉と幸福を保有しうる権利がある。日本国の隆盛は７０００万国民の真の和合と協力によらざるをべからず」

富を偏在させているような人に天誅を加える私は、神聖の日本人で天皇の赤子だ、と言っているのだ。

そしてまた逆に、テロを行う自分の位置づけを正義の側に置いている。それを長い文章の中で主張している。

朝日のテロが「新しいテロ」である点は、財閥の当主に対する苛立ちであり、安田たちは天皇の赤子ではないと考えている点である。

これは資本主義そのものの否定である。資本主義そのものへの否定は、北一輝もそうだが、大正時代の右翼や国家主義者の中にあることが見て取れる。が、彼らが共産主義なのかと言えばそれは違う。

▼原敬暗殺の本当の動機

大正10（1921）年、10月19日、中岡艮一はなぜ、原敬を討ったのだろうか。

動機については今もいろんな説がある。議会政治の守護者として評価されている原だが、彼に苛立つグループは3つに分かれていた。

1つは軍部。原は政治的妥協の人で、憲政擁護、あるいは第1次世界大戦後の和平秩序に対して妥協的な態度を取る。しかし軍部は妥協的な態度ではなく、もっと世界的に権益を得るんだと苛立っていた。

もう1つは薩長。原は岩手県出身で、どちらかといえば賊軍。賊軍側ゆえに、旧華族の称号を受けることなどを断っていた。逆に言えば政府の官軍・薩長閥への抵抗意識があり、それに対する薩長の苛立ちがあった。

さらにもう1つは原のカネの動かし方。原は政治家だから、自分のためではないがカネはばらまいた。しかし、このカネで動く政治に反発する人たちがいた。ただこれは主に政治家というよりも、自分もカネが欲しい政治家周辺の「政治ゴロ」と呼ばれる人たちだったようだ。このような不満を持つ人たちの誰かが、中岡艮一を動かしたのではないかと考えられているのである。

鉄道員である中岡が勤めていた東京の大塚駅の上役は、橋本という助役だった。この橋本は安田善次郎の殺害が起きた約75日前、「おまえなんか度胸がないから何もできないだろう」と言って中岡を挑発している。それで中岡が「何を言っているか！」となって、原敬を狙ったという説がある。この橋本がどういう人物だったかは裁判からも明らかにされていないが、どこかの右翼結社にいたとも言われている。中岡はこの橋本の示唆によって、原敬を暗殺したとも考えられているわけである。

中岡は無期懲役の判決を下されて入獄しているが、昭和に入ってから恩赦や大赦を受けて、釈放されている。すると中岡は満州に行き、ここから彼の消息が全くわからなくなる。「甘粕のルートに入った」からだ、ともいわれている。後述するが、甘粕正彦はアナキストの大杉栄殺害で責任をとった軍人で、その後、満州に行き、映画会社を経営するなど満州の黒幕的存在となっていた。

実際に中岡の痕跡は全く見えてこないのだが、ただ、中国名を名乗っていたことはわかっている。「○○（中国名）こと中岡艮一君結婚」という小さな記事が、昭和12（1937）年ごろの「満州日日新聞」に出ている。中国人になっていて、結婚相手も中国人だ。

私もかなり追ったのだが、その後の消息はわからなかった。日本にひそかに帰って生きていたという話もある。つまり、18歳の青年がテロ事件を起こして牢に入り、20代の終わりからは、あるテリトリーの中に入り囲われたという人生だったのだと思える。その意味でいうと原敬暗殺は、18歳の少年の単純な犯行というわけではない。

実は司法の側にも問題がある。この裁判では妙なことに検察側などは早く片付けようとした。弁護側が深く調べていこうと質問しても、検察側と裁判官が進行を急いだのだ。原敬の暗殺は近代史の中で、今も謎だと言われている。

▼政党政治家の首相は、必ず非業の死を遂げる？

明治18（1885）年の初代首相・伊藤博文から昭和20（1945）年8月の敗戦時の鈴木貫太郎首相まで、29人の首相を数えることができる。このうちで旧華族か軍人でない者はわずか4人である。名を挙げれば、原の他に浜口雄幸、犬養毅、そして広田弘毅である。この4人のうち3人がテロに遭って亡くなっている。残る広田は東京裁判で絞首刑の判決を受けて処刑されている。

これは何を物語るのだろうか。理由は簡単である。いやおのずから回答が浮かび上がってくる。旧華族や軍人は、天皇絶対主義の大日本帝国で、軍事主導、官僚主導の政治の具体的な一員であった。天皇の意思が反映しているかのようだ。

ところがテロに遭った3人は、政党を代表している首相であった。広田は政党を足場にはしていないし、官僚として3人とは少々その立場が異なっていた。実際にテロには遭っていない。浜口は官僚出身だが、その職を離れ、政党の総裁として首相に就任している。

政党政治家出身の首相は、テロで暗殺されるという史実に、私たちはいかなる理解をすればよいのか。日本近代史が民主主義の土壌を持っていなかったという事実、さらには議論して結論を求めていくような手続きや場面を欲していないという意味になるのではないか、と思う。

▼天皇へのテロが、天皇の存在を変えてしまった

これまで大正時代の3大テロの実行者2人を紹介したが、最後は大正12(1923)年12月23日に起きた摂政宮狙撃事件の決行者、難波大助の裏を探っていこう。

この日、摂政宮(皇太子。のちの昭和天皇)は帝国議会に出席のため、自動車で国会に向かっていた。「(犯人の難波大助は)虎ノ門(芝区琴平町)で人垣の中に交って待機し、午前

10時40分ごろ、至近距離で自動車中の摂政を狙撃した。弾丸はわずかにはずれ、大助はその場で逮捕された」（『歴代内閣首相事典』鳥海靖編）というのが、テロの顛末であった。

戦後に詳しく記述されるようになったテロの様子では、難波は自動車に近づき、窓ガラスに拳銃を突きつけて発射している。運転手がスピードを上げて難波から離れていき、それで摂政宮は難を逃れたという状態であったようだ。難波は、「革命万歳」と叫びながら、その自動車を追ったという。群衆が取り押さえたということのようであった。『日本現代史4』（ねず・まさし）などにはそのように書かれている。

難波についてはこれまで多くのことが語られている。彼は衆議院議員、難波作之進の息子だった。故郷の山口県で旧制高校を目指して浪人をしていたのだが、あまり勉強はせず、思想に関する本をよく読んでいたようである。

東京に出てきて予備校に通いながら浪人を続けることになったが、この当時も社会科学系の本をよく読んでいた。そのためか無政府主義思想に関心を持つようになっていく。そして天皇の存在が日本の社会主義に対する阻害要因であるという結論に至り、天皇殺害を考えるようになっていったという。

当時の大正天皇は病弱だったので、摂政宮、のちの昭和天皇を狙ったといわれている。摂政宮を狙った仕込み銃は、伊藤博文が難波大助の父・作之進にプレゼントした銃だともいわれているが、この辺も歴史では曖昧にされている。

作之進は息子が狙撃事件を起こしたと知ったときに、すぐに議員の辞表を提出して、自宅の玄関にバッテンの形に木を貼り付けてドアが開かないようにして蟄居した。やがてそこで亡くなる。謹慎の姿勢を示したということなのだろう。

難波大助も朝日平吾や中岡艮一と同じく確信犯だった。自分の行動は正しいのだと法廷でも全く意思を変えなかった。

難波を、司法では〝狂人〟とした。頭がおかしい人という形に仕立てるが、難波大助は「そうではない。私は正常で、私は確信犯で正しいと思ってやった」と、最後までその主張を曲げなかった。もちろん新聞にはそのような法廷の様子は報道されていない。ほんのわずかな人数の弁護士の間で、戦後、密やかに伝えられているだけなのだ。

摂政宮、つまり天皇を狙撃するという事件は日本の権力を脅かすものだと大変驚かれたからである。こういう事件が再び起きたら大変だと。そのため、天皇に対する護衛を厳しくし、あるいは天皇に人を近づけないようにする。言い換えると、天皇の神格化を強めていく。

それと同時に、天皇を国民の側から切り離して権力者の庇護の下に入れてしまう形になっていったとも言えよう。

繰り返すが、大正のテロリスト3人はいずれも確信犯だった。これが大正時代の特徴である。戦後日本でも、浅沼稲次郎（社会党委員長）、安倍晋三・元首相や岸田文雄首相へのテロはあったが、大正のテロとは異なる。戦後社会はテロを許容しない風土を、一応は作ったのだなと思う。

いつの時代でも暴力に訴えたい人たちは存在する。その背景にあるものを深く分析していくとやはり、歴史はきちんと答えを出しているなと私はつくづく思うのである。

この事件は結局、日本社会を見事に二分していくことになる。1つは国家主義的な勢力の組織化が進み、もう1つはロシア革命に刺激されて共産主義者の側も組織化が進んだ。さらに政府が進める形で、国民精神の作興運動が展開されていったのだ。

▼関東大震災での虐殺事件と広がるニヒリズム

大正史の年譜には、それほど多くが出てこないのだが、大正末期のアナキストたちの奔放な行動にも注目しておく必要がある。無政府主義思想が一部の知識人、労働者に広がっていくのだが、むろんそれはロシア革命のプロセスに見られるアナキストたちの思想や行動に共感したり、共鳴したりした結果ではあった。

こうした事情を理解した上で、大正12（1923）年9月1日に発生した関東大震災時に大杉栄が軍人らに殺害されたという事実を重ねてみる。直接行動に渇望しているアナキストが、テロに走ろうとするのは、確かに起こりうる状況であったのだ。大杉が軍内で殺害された事実が公表されたのは、関東大震災から25日目のことである（9月25日）。各新聞はその日以後、状況がわかる限り報じ続けている。誰が、どこで、いかなる形で、殺害したのか、それは今も曖昧だが、表面上は憲兵大尉の甘粕正彦とされている。だが、実際には陸軍総体の意思があったとの見方はできるであろう。

大杉虐殺に怒り、アナキスト、あるいはそういう思想に関心を持つ者のテロが起こっていくのも大正末期の特徴なのである。その行動はニヒリズムともいうべき色彩も帯びているかのようである。

この時代空間にはどういう空気が支配的であったのだろうか。一口に言えば大正時代は、明治が持っていた幕末維新の空気を根本から捨てることになった。江戸時代の人間像が全く消えてしまい、新たに欧米文化を吸収し、日本的義理人情の世界も薄れていき、そして都市機能の発展を是とする社会に変わっていったのだ。社会的抵抗運動も活発になり、民主主義思想の広がり、労働組合のストライキなどが当然という社会になったのである。

昭和になってすぐ、芥川龍之介が友人宛てに、「ぼんやりした不安」を訴える遺書を残して自殺したのも、左右勢力の暴力がやがて「戦争」という最大の暴力に行き着くとの不安を感じ取っての自決だったように思われるのである。

こうして歴史として大正時代を振り返った場合、日本は大きく変容した社会になったと断言されうる。私たちは、昭和という時代を分析するときに、ともすれば明治のツケが回って来たように理解しがちだ。しかし実は、昭和の軍事独裁、そしてファシズム、錯誤の歴史認識などいずれも、「明治の社会」を咀嚼《そしゃく》する「大正の時代」の中にその芽が育っていたことを認識すべきなのであろう。それゆえに次の2点を踏まえてもう少し大正期の事件、事象の裏側を確かめていくことにしたい。
①庶民の生活、意識の変化（米騒動、労働組合のスト、都市中間層の文化など）
②政治と軍事の衝突（反軍事の動き、軍人への嫌悪など）

▼米騒動は革命の前哨戦か？

①の庶民の生活、意識の変化を確かめるには、大正7（1918）年7月から始まった米騒動を見ていくと実態がわかりやすい。この頃の米不足は凶作とか不作といった理由からではなかった。「急速に発展した日本資本主義の矛盾の所産」（『歴代内閣・首相事典』鳥海靖編）と言ってもよかった。
第1次世界大戦のさなか、日本の輸出は急激に伸び、それにつれてインフレ状態になり、

勤労所得者や自営業者の実質賃金は目減り状態になった。逆に米が高騰を続けることに庶民の苛立ちが募っていた。

大正5（1916）年には1石（約180リットル）あたり13円90銭であった。翌6（1917）年には21円50銭、そして7年7月には41円6銭にまで上昇していた。経済上の分析によると、この上昇は極めて人為的であった。つまり農業人口の減少に加えて、米穀商が買い占め、売り惜しみなどで利益を得ようとしていたのである。あえて指摘すればシベリア出兵などの軍事政策に呼応するための軍による米の大量買い付けなども理由とされた。庶民は食卓に米を見ることができない状況にもなっていったのである。

そういう折に、富山県魚津町の漁民の妻女が、港から米が積み出されるのに憤慨し、その積み出し作業に抗議して、体を張って作業を中止させようとした。当初は100人ほどの女性たちであったというのだ。この動きに刺激されて、「我々にも米を食わせろ」の声が周辺の人々の間に広がっていった。これが、いわゆる米騒動の広がりに拍車をかけることになっていった。

8月に入ると近隣の町村のほとんどで、富山の米を外に持ち出すのを禁止せよ、米の価格を引き下げろ、というスローガンの下、米穀商を襲ったり、買い占めなどで利益を上げている資産家をつるし上げたりしている。

こうした県内の動きは、「越中女一揆《えっちゅう》」として全国的に報じられた。この報道に米の高騰に苦しんでいた庶民は言うに及ばず、都市の労働者からその妻まで米穀商の売り惜しみなどへの反発が広がった。「8月8日の岡山県を皮切りに、翌9日には大阪、和歌山、兵庫、香川、愛媛と広がり、8月9日〜17日にかけて、米騒動は頂点に達する」(『明治・大正・昭和事件　犯罪大事典』)という状態になった。

この騒動は大阪、京都、そして最終的には東京にまで波及したのであった。8月半ばの統計では、18市、40町、30村の計88の市町村に騒動は拡大していった。所によっては万に近い数の労働者、女性、さらには都市の勤労階層にまで、その怒りは増幅していた。

軍隊が鎮圧に乗り出したが、それでも運動はさまざまな形で広がり、日本社会の底流には爆発的なエネルギーが秘められていることが明らかになった。

社会学的な考察になるのだが、この米騒動は実は単に、「米をよこせ」という運動とも言えなかった。そのデモの激しさ、さらには都市住民が積極的に参加したのを見ると、革命の前哨戦のような響きも伴っていたのだ、当然ながら寺内正毅内閣はふるえあがった。

各地の米騒動は、10月まで続いたということになるが、最終的には4県(青森、岩手、秋田、沖縄)を除いて全国に広がった。

いわゆる大衆の大掛かりなデモとしては近代史の中でも初めてのことであった。恵まれた大企業の労働者も自主的にストを構えて連帯の意思を表していた。寺内内閣は軍隊、警察を使って弾圧に乗りだして対応したが、一部では銃撃戦もあったと言われているほどである。九州の炭鉱地方では暴動に発展し、発砲する軍隊による死者が一説では50人に達したともいう。労働者側もダイナマイトで応戦するという事態にもなった。こうして見てくると、米騒動は語られている以上に、体制の屋台骨をぐらぐらと揺すったことになることがわかってくる。軍隊が10万人ほど出動したというが、近代史の上でそんな例は全くなかった。

大正10年代に入ると、日本社会は極端なまでの軍事に対して嫌悪感を持つ社会となるが、そこに至るまでにこの米騒動時の軍隊への発砲に対する怒りが内在していたと言ってもいいだろう。その怒りをおさえるために、軍事の側は昭和に入ると謀略、策略、そしてテロなどを用いて、国民を黙らせていった構図も見えてくる。

この米騒動による検挙者は2万5000人を超え、8000人以上が刑事処分となったとされる。厳罰主義はますます国民を怒らせていった。死刑の判決を受けた者もいる。

大正期のこの事件、事象は近代史の中で見落とせない史実なのである。

▼山縣有朋の自覚、石橋湛山の慧眼《けいがん》

軍人出身の寺内正毅首相は、このような事態に対応する術を全く持ち合わせていない。ひたすら武力弾圧を進めていった。その一方で新聞がこの米騒動を煽り立てるような記事を載せているとして、米騒動に関するニュースは掲載禁止を通告したが、各新聞社は独自に集会を開き、言論の自由や武力弾圧への抗議を申し合わせている。正直なところ政党の反応はかなり遅く、新聞がその代役を務めたともいえた。

結局、寺内内閣は事態に対応できず、加えて山縣有朋らの元老の同意を取り付けることもできずに、総辞職に至った。後任は西園寺公望が擬せられたが、その西園寺が「自分よりは政友会を率いる原敬がふさわしい」と申し出て、大正天皇は改めて原を呼び、大命降下を命じている。

これは何を物語っているのだろうか。一言で言えば山縣は藩閥政治の終焉を自覚したということである。政党政治に口を挟まないとの覚悟は、自分の時代が終わり、原敬のような政党政治家、藩閥否定の時代を迎えたとの意味であった。むろんここには米騒動のような大衆デモの類いに対応しきれないとの認識もあっただろう。

「米騒動がつくり出した政党政治下に取り締まりをやや緩和した警察の態度と、国際連盟の成立に伴うＩＬＯ（国際労働機関）の圧力を利用して、大正８（１９１９）年には急速に組合数が増加して争議数も飛躍的に増えた」（『歴代内閣・首相事典』鳥海靖編）。

直接、間接の見方は分かれるにしても、このようなことにもなったのだ。しかも日本社会が近代的システムをもとにして動き出している。

例えば大正10年代後期になれば、会社員などの新中間層が膨大な数になり、新宿、渋谷などのターミナル文化が活力を持つようになり、都市文化が発達していくのである。「モボ・モガ」なども誕生して退嬰《たいえい》の彩りも添えられていくのであった。

大正時代を俯瞰するにあたって、米騒動が転機になり、原敬内閣が誕生した経緯を見てきた。この内閣は図らずも政党政治誕生のきっかけになった。それだけに米騒動は体制内の変革をもたらしたと言いうる。

原内閣の誕生を、当時の知識人や言論人はどう見たのであろうか。そのことについて触れておきたい。東洋経済新報社の論説委員たる石橋湛山と、民本主義を唱え、大正デモクラシーの潮流を作り上げた吉野作造の2人の見解を見ていくことで、その意味の大きさも理解できる。

湛山は米騒動について、極めて的確な分析をしている。米騒動が起こって間もなくの「東洋経済新報」(大正7年9月5日号)の社説に「騒擾《そうじょう》の政治的意義」と題する一文を書いている。「今回の米騒擾は考えれば考えるほどその性質が重大である」で始まるのだが、湛山はこの騒動を、単純に米価の騰貴に帰して、米価を下げればそれで万事解決、天下泰平というが如きの論や騒擾者を逮捕して厳罰に処すればそれで終わり、というが如きの論者が指導者の間にも見え隠れしているというのだ。こういう見方しかできない者は浅薄でしかない。こういう輩がこの時代の日本の思想界の厄介者だとまで断言している。

米価の高騰はなぜ起こりうるのか。湛山の結論は明確である。

「政府がその第一任務たる国民全体の生活を掩護せずしてかえってこれを脅かしこれを不安に陥れた」

という一語に尽きるという。単に米騒動を「騒擾」の一語で片付けると大変なことになる、と湛山は社会の動きを正確に見抜いていたのである。

▼吉野作造の原内閣への励まし

この時期、気鋭の政治学者というべき吉野作造は、原政友会内閣発足を見て、率直に励ましの原稿を書いている（「原内閣に対する要望」）。基本的には善政主義でいけ、と言うのだが、寺内正毅内閣のごとく旧勢力の善政主義であってはいけないとの注文である。寺内内閣には限界があり、それが国民にも官僚閥族にも見限られているのだから、今や民政の利害に立脚した政治が行える土壌が出来上がっているというのである。米騒動は本質的には米価高騰の問題ではなく、社会構造の変化の及ぶ動きだと、暗に認めつつ、原を鼓舞しているのが吉野の言わんとしているところのようであった。

原敬首相に期待する研究者、言論人にはこういうタイプが含まれていたことは、原自身がやはり歴史的存在であったと言ってもいいのではないかと思える。その原がこれまで触れてきたように暗殺され、その背景などが歴史的に疑問符を残したままになっていることは、近代日本には閥族の権力が存在していたとの推測も成り立つように考えたくもなる。

吉野の民本主義に対して、いわば共産主義勢力の側からの批判、国家主義的な側からの批判が存在した。この期の日本社会は、ちょうど右派とか左派といった区分けが進むときで、吉野のような理論は双方から論戦を挑まれる立場にあったということであろう。

3 日本社会の変容、そして帝都復興の明暗

▼殺人鬼「鬼熊」に同情した庶民

何度も述べたが、この時代は社会構造そのものが、大きく変化していった。その理由はどこにあるのか。次のような要因が重なったためと見ていいだろう。

①　関東大震災による東京の再編成
②　新中間層の登場と都市文化の変容
③　大学認可の変化と私立大学の激増
④　庶民の反国家意識と軍事勢力への怒り

さしあたりこの4点を挙げておく。これらを原因として、さまざまな結果（実行）が生み出されることになった。順番が逆になるが、④の「庶民の反国家意識と軍事勢力への怒り」を軸にしての社会的事件、あるいは社会的事象を取り上げていきたい。庶民の国家意識がこれほどまでに希薄なのか、と言いたくなるほど、その感情はほとばしっているのだ。そのことが犯罪などによく表れている。

大正15（1926）年8月に千葉県のある町で、荷馬車をもとに運搬業を営んでいた岩淵熊次郎（34歳）が、飲み屋の女性の心変わりを怒って殺害する事件が起こる。

この頃のカフェ文化は、都市から田舎にまで及んでいたということか。この女性の相手とおぼしき男性の家に火を放つ。そして逃亡するのだが、この地方の山に逃げ込んだ。

警察などが山狩りを行う。ここまではよくある話である。しかしこの事件は、全国の新聞が一斉に報じ始める。その名から1字を取り、「鬼熊事件」といわれるようにもなった。なぜか。

鬼熊は山からときどき下りてきては、農家の人々を訪ね、食事をもらう。近在の農家の人たちは、鬼熊に同情を寄せていたので、逃走の手助けをする。

「性悪の女に騙され、いいように利用された」ことへの同情があった。鬼熊は純朴な人物だったのだろう。警官には偽りの情報を教えて、逃走を助けている。

鬼熊は山の中で偶然、警官に発見されたが、その警官も乱闘中に殺害している。

その頃、警官の横暴が問題になっていたこともあり、「鬼熊は英雄視されて」（『明治・大正・昭和　事件・犯罪大事典』）新聞に報じられたというのだ。屈折した時代であった。

鬼熊事件について、さらに書き進めよう。

同僚が殺害されたとあって、警察当局はこの地方の青年団や消防団、さらには各団体などを召集して、連日山狩りを行った。その様子も全国ニュースで報じられている。新聞記者が山中で単独会見をして、鬼熊の言い分も伝えている。山狩りは延べ2カ月近くに及び、それでも鬼熊は捕まらなかったというのだから、陰に陽に人々の支援があったということであろう。しかし鬼熊自身は、逃亡生活に疲れたようだった。この年（大正15年）9月に、山中にある先祖の墓の前で毒薬をあおったうえで、カミソリで自殺している。毒薬は新聞記者から受け取っていたというのである。この自殺ぶりもまた筋が通っていると、新聞記事では称えられている。

この事件は、おりから映画隆盛期に向かうときでもあり、すぐに映画化（斎藤寅次郎監督）されている。鬼熊は一見、温和に見える時代の破滅型のタイプとして描かれながらも、大衆社会が何を求めているか、を測るバロメーターの役割を果たしたとも言えるだろう。映画になるだけでなく、演歌歌手の歌にもなり、全国の飲み屋でも歌われたというのだ。その歌詞には、

「名も恐ろしや鬼熊と　うわさも久し一カ月　空を駆けるか地に伏すか」という一節もあった。


殺人犯が英雄視される時代、大正末期のこの現象は、近代日本史が時としていかに規範や価値観を逆転させる社会であったかが裏付けられている。同時にこの事件の背景には、純朴で真面目に働いていた労働者が、したたかな飲み屋の女性とそれを操る男性との色仕掛けの罠に落ちていく側面があった。さらに横暴な警官への反発もあり、庶民は鬼熊に同情を寄せるだけでなく、自らの社会的不満を鬼熊に仮託することによって晴らしていたといってもいいであろう。

加えてこの頃はたしかに日本には戦争の影はなく、軍事の横暴を予兆させる社会的動きもなかった。大正デモクラシーの影響もあるだろうし、明治維新から半世紀を過ぎて世代替わりの時代にもなっている。政治家や官僚の腐敗はかなり目に余る状態になっていて、例えば議会で憲政会の中野正剛が追及した田中義一大将による軍事費横領事件、さらには大阪の松島遊郭の移転にからむ汚職事件など不明朗な動きが、官界、政界、軍事などの分野で噴き出しつつあった。庶民の反発はそういう方面には表せない代わりに、鬼熊のような事件に関心を寄せて判官びいきの感情を満足させていたのであった。

これが猟奇的な鬼熊事件の本質でもあったのだ。

▼「今日は三越、明日は帝劇」

関東大震災のあとの「帝都復興」は凄まじい勢いで進んだ。結果的にとなるのだが、東京が焦土同然の状態になることは、江戸時代が崩壊して、東京という新時代の首都が現れたともいわれたほどであった。

東京から江戸の名残が消えていくのは何も建物や風景だけではなかった。東京に住む人々の意識もまた変わっていった。盛り場は浅草や日本橋、神田などが賑わう場であり、消費文化の中心であった。ところが都市の機能が新しく増していくにつれ、盛り場は銀座へと移った。大震災後（昭和2年）に開通した浅草—上野間の地下鉄が、やがて京橋、銀座まで延伸した。映画館、デパート、劇場、それにカフェ、ダンスホールなどが次々と開業している。この頃の三越百貨店の広告文案、「今日は三越、明日は帝劇」はこの時代の雰囲気をよく表している。

さらには丸の内、霞が関などに官庁や企業が揃う形になり、東京の官庁街が出来上がった。

そうした東京の中心街に通勤するビジネスマン、公務員らの多くは、自らの住む住宅を国鉄の中央線が走る郊外に建てた。中野、高円寺、阿佐谷、荻窪などの沿線に住宅地が出来上がった。大正末期になると、新宿や渋谷が盛り場の様相を呈するようになり、映画館などができ、いわゆるターミナル文化と評されるようになった。東京に住む人々の間にもさまざまな階層ができていき、東京は相応に活発な活動を始めたのである。

明治の終わりには、東京の人口はおよそ270万人であったが、昭和5（1930）年の調査では約540万人に増えている。ということは20年ほどの間に倍増したことになる。大震災後の「帝都復興」の掛け声は、なんのことはない、東京への人口流入策でもあったのだ。

▼専門学校が私立大学に続々昇格

また、経済的な余裕も生じたのか、東京はじめ全国で高等教育への進学が進んでいった。明治40年ごろには、無償で通えた小学校への進学率は90％を超えている。大学は帝国大学だけだが、各地に高等師範学校があった。そして、大正になり、私学に大きな変化があった。

私学の歴史は明治時代初頭に遡ることができる。当初の私学には、3つのタイプがあった。代表的なのは、私塾の伝統から生まれた学校で福沢諭吉の慶応義塾や、新島襄の同志社などが挙げられる。

2つめのタイプは、私立法律学校と言われた東京法学社（法政大）、専修学校（専修大）、明治法律学校（明治大）、イギリス法律大学（中央大）、日本法律学校（日大）、東京専門学校（早稲田大）などがある。日本を法治国家とするため、必要な人材の育成を目的とした。

3つめのタイプは、伝統主義の私学で、幕末の国学の伝統を持ち、日本主義と皇室崇拝を特徴としていた。

これらの私学は、大正7（1918）年に「大学令」が発令され、正式に「大学」へ昇格した。その結果、慶応義塾、早稲田、明治、法政、日大、同志社をはじめ、全22校が私立大学として認可されたのである。「時代の勢い」を感じさせられるできごとであった。

▼東京の変容に反応する「佐藤春夫の感性」

急激に都市化していく東京で、どのような光景が描かれていったのかを確認していこう。作家たちはどのようなテーマをもとに作品を発表していったのだろうか。

田舎の良さを見つめ直す作家の目は、東京から江戸期の人情や義理、果てはこまやかな感情のほとばしりが失われていくことに寂しさを感じたのであろう。そういうエッセーを紹介するなら、佐藤春夫の「滅びたる東京」（大正12年11月発表）などを挙げてもよいであろう。関東大震災の2カ月後の一文である。

この作家は和歌山県生まれ、東京に出てきて慶応義塾で学び、やがて作家になるのだが、東京に格別の思いを持っているわけではない。しかし大震災の前の大正8（1919）年には、「美しき町」という東京の街を達者な筆遣いで描いている。心の片隅で、便利で、自らの仕事にもふさわしい街という感情は持っていた。それが崩れていったというのだ。次のように書いている。

「裹《つつ》まずに言うが、私はあの騒擾の最中にどんなに故国をなつかしく思ったろうか。またそれを考えて見ることがどんなに優しい力を私に与えたろうか」

あの大震災の翌日に、故郷の両親に宛てて思わず、「汽車が通ずるようになったら私は帰ります」というはがきを投函したと言うのだ。東京の凄まじい破壊の様子を見て、とにもかくにも「故郷恋し」の感情にとらわれたのだ。佐藤はその後田舎を持つ人々の全てが、ああ故郷に帰りたいと思ったことを知ったとも書いている。

これからの東京は、浅草に変わって銀座が自分の散歩区になるだろうとも書く。敏感な作家の感覚は、東京が新しい歓楽街とも言うべき盛り場を作ることを見抜いていたのである。「私にはもう浅草の人ごみは物凄すぎた。銀座ぐらいが丁度よかった。それも以前のように自分の主観に没頭しながらぼんやり人ごみを歩くようなことがなかった代わりに、市井のあらゆるものごとにたいする愛好家になった」

銀座を散策するのは、世間のさまざまな諸事が垣間見えることが魅力だと言うのである。浅草は街全体が単色だが、銀座には多様な色合いがあると言うのであろう。しかしその銀座もいつか特色を失うだろう、と佐藤は言い、次に私はこの東京のどの地に新しい価値を見いだすのだろうと締めくくっている。

東京の散歩区は時代と共に変わっていくのであろう、それは街全体がある時期に、その役割を終えるためだ、というのが佐藤春夫の受け方である。

大震災後の東京の風景の変化を予想するその感性は、貴重な見方を私たちに教えている。

▼農は国の基なり

その他にもさまざまな作家、評論家らが改めて「東京」を客観視する作品を書いてもいる。

このことをもうひとつ別な視点から、大正期の特徴の裏側として分析していこう。

それは農本主義思想の現実化である。

「農は国の基なり」というのが農本主義の原点になるのだが、この思想をもっと牧歌的に具現化しようという動きがあった。震災後の雑誌で、しばしば「東の文化村、西の新しき村」として、農村復興の記事が取り上げられている。

西の新しき村とは、作家の武者小路実篤が宮崎県日向地方に建設した理想郷づくりの運動であった。武者小路と白樺派の作家たちが協力しての村づくりは、農業に勤《いそ》しみながら自らの個性に応じて文化芸術活動を行い、自己錬磨に努めるという趣旨で発足した。この理念に賛成する全国の青年たちが馳せ参じ、第1次世界大戦後の日本社会に刺激を与えた。家父長的な日本社会の構造を壊すといった狙いもあった。

東の文化村とは、茨城県の水戸につくられた農本主義者の橘孝三郎の理想郷づくりの運動であった。橘は、第一高等学校の卒業前（大正4年春）に、人生の目標は立身出世にあるのではなく、「土に生きる」ことこそ人間本来の生き方だと悟り、東京帝大への道を捨て、故郷の水戸に帰り、ひとりで森林を開墾し、農地を作り、農業に取り組んだ。英語、ラテン語などに通じていたので、畑作業の傍ら原書で哲学書や文学書を読み、絵画に没頭し、音楽の鑑賞を愛し、独自の文化的な空間を作り上げた。

そういう立場の元に旧制水戸中学や旧制水戸高校の生徒たちが訪ねてくることがあり、文化村は次第にその名を知られることになった。孝三郎の兄なども協力することになり、加えて妹が東京の音楽学校に進んだこともあり、文化村からはピアノの音が聞こえてくるのも、学生たちに新しい時代を告げていることを教えることにもなった。

私は、昭和40年代後半から当時80歳にさしかかっていた橘に、何度も取材を重ねた。大正期の知識人の実践活動について聞いているうちに、「自分が帰農運動を始めて多くのことがわかった。畑仕事で雑草が生えてくるのを見て、経験より知識を先行させる弱さを知った。雑草をどう取り除くのか、農民がいかに苦労しているかを知った。知識万能の社会には落とし穴がある」との言を聞いた。真に農本主義者になるのは、経験と知識の合一に徹することだと述懐していた。大正期の盲点でもあったのだ。

武者小路実篤にしても、橘孝三郎にしても、いわば理想主義者であり、人道主義者でもあった。

2人に共通しているのは、軍事の横暴への批判、資本主義体制への疑問、共産主義思想への違和感、などであった。奇妙な言い方になるのだが、橘は昭和に入ると海軍の軍人と意を通じ、結果的に五・一五事件に参加する形を取るのだが、もともとこうした暴力的な体制変革には反発を持っていたのだ。そのことを解剖するには、後述するように2つの視点が必要だ。1つは農本主義者から見た農業恐慌への怒り。もう1つは資本主義下における対立の図式(「地主対小作」ではなく「都市と農村」という図式)である。

橘は武者小路の実験に、自分たちとは異なる空気を感じていた。理想郷は農業の本質を理解することが前提なのに、その姿勢に欠けているというのが批判でもあった。

大正期のこの2つの理想郷づくりは、昭和という時代に異なった形に変化していった。新しき村や文化村は、確かに「大正」という時代の精神の発露と言えた。

2つの理想郷づくりは、基本的には農業を土台にしていた。農業が順調に回転することが前提でもあった。もし農業が崩壊したならば、彼らの理想主義もあっさりと崩れる可能性があった。その意味では彼らの理想主義も一皮剝けばもろいところもあった。

付言すると、第1次大戦後の世界的潮流を受けて、日本社会も大きく変革した面があり、特に農村にはそういう変化が急激に襲ってきた。米騒動とロシア革命が農民の意識を少しずつ変えていった。特に農村地方では、都市の労働組合の影響を受けて、小作農の地主階級への反発が高まった。自作農の拡大をめざす動きもより活発になった。

理想のユートピアを目指す共同体づくりは失敗に終わるのだが、それは農業恐慌に端を発していた。しかし同時に理想郷づくりは、結局、個性と個性の衝突に至るという側面もまたあった。そう簡単にはいかなかったのだ。

大正14、15年ごろの月刊誌を読んでみると、意外なほど冷めた記事が出ていることに気がつくのだ。「婦人の國」（大正14〈1925〉年7月号）では、橘を哲人と評し、文化村に「帰農の哲人」へのインタビューを掲載している。文化村も設立してから10年目だというので、インタビューがされたらしい。この頃の記事の特徴とも言えるのだが、例えば武者小路の新しき村は、その思想に共鳴し、そして個人の考えを尊重する共同体づくりも壁にぶつかっていたというのだ。自我の確立は、一面で自我の衝突というように変化する。武者小路もこの村を離れる状態になってもいた。

思うに、例えば自由、平等、他者を尊重などの規範は、口当たりはいいけれど、その半面で民主主義思想を受け止め、相互の権利を認め合いながらの共同生活は、当時の日本人には少々早かったというべきかもしれない。

あえて付け加えておくと、私が橘を取材してこの文化村の細部に、大正期の先駆的な試みを感じたのは、農本主義の本質を持って、農村改革を行おうとしているその精神であった。私が取材を試みた昭和40年代の終わりは、私も30代半ばであった。その後も何人もの昭和史関係者に会っているが、これほどの博識の人に会ったことはなかった。大正期の理想主義が昭和期の軍事にいかに巻き込まれたのか、を改めて考えざるを得ない。

▼「農本主義」と「超国家主義」の接近

大正末期の社会状況を見るときに、私たちは気を付けなければならないのだが、共産主義への関心が異様に高まっていることだ。すでに紹介したように、米騒動での反政府活動、民主主義思想の広がり、そしてソ連邦の誕生などで、日本社会も着実に思想運動が隆盛の方向に進んだ。そのことは右派と左派の線引きが容易になることでもあった。右派は国家主義、反共産主義、天皇制護持が柱になり、左派は社会主義への共鳴、同調、そして次第に天皇制への反対を明確にしていた。

農本主義は資本主義における農村切り捨て策への抵抗、共産主義の農村政策の曖昧さを批判する形で勢いを持った。特に橘の農本主義は「土に返る」「志を共にする愛郷運動」「精神の純化と祈り」といった精神主義的な意味合いを持ったので、その関心は教育関係者に受け入れられ、橘のもとには教員が訪ねてくることが増えている。そのために橘は畑に出ることもままならぬことになったほどであった。

この人間の純化を目指した農本主義が、なぜ昭和に入って変容し、太平洋戦争後は超国家主義のイデオロギーとされていったのか、それは極めて重要な昭和史のテーマである。

武者小路の新しき村は、大正末期には縮小した形で細々と続けられていく。橘孝三郎の文化村は一時、やはり自我の衝突があったようだが、橘の個性と教養により理想的な共同体の評価を得ることになった。しかし、この2つの理想郷づくりは、昭和に入って異なる道筋をたどることになる。

新しき村は、発足時に発行した同人誌の冒頭で「われらは、われらを支配する精神が全人類を支配することを切に望むものである」と書いたが、結果的に社会環境の変化の中でその力を失っていった。橘の文化村にも昭和の風が吹き付けてきたと言うことができるであろうか。わかりやすく解説していくならば、橘の文化活動は、やがて愛郷会、そして橘を塾頭とする愛郷塾の設立にと進んでいくのだが、この愛郷運動は県内の町村に支部が出来上がり、農本主義の方向性も次第に明確になっていった。

特に昭和に入ってからの農村は凶作と金融恐慌の波を受けて、農民の生活自体が根本から揺らぐ状態になる。橘の農業論や資本主義・共産主義批判は相応に力を持ったのであった。

昭和4（1929）年がこうした農本主義運動のあり方をめぐる転換点になった。1つは農業恐慌下での政治運動の波である。そしてもう1つは、国政レベルでの橘支援の動きであった。つまり、農本主義や精神・文化活動が、体制そのものと向き合う形になったのである。「今や農村では一円も見ることができない。農民たちは物々交換で生きている」と政友会の代議士が昭和初期の議会で質問しているが、金解禁政策によって日本の資本主義の底の浅さが露呈してきた。昭和4年というのは、その悲惨な農村事情がメディアによって広く報じられてきたときである。凶作と借金生活によって、あるいは営々とためた貯金を銀行の閉鎖で失った農民が、銀行のシャッターを3日間もたたき続けて、そして気が触れたとか、小学校では空腹に耐えかねて倒れてしまうという現実も報道された。農村は危機的状況に陥っていくのであった。

橘が指導する愛郷塾に集まる教員の中には、自分のクラスの貧しい子どもに、おにぎりを作り持っていくケースもあった。体操の時間にバタバタと倒れる子どもがどの学校でも多かったのだ。殺伐とした社会環境が日々の光景となった。こういう時代に農本主義が向き合うことになったのである。国家改造運動の一派が橘に近づいてきた。それが井上日召らのグループであった。そこに海軍の現状改革派がいた。その一方で、政友会から議会に出ている地元茨城の代議士・風見章からの接触もあった。合法と非合法からの接触とも言えた。

▼血盟団事件、五・一五事件へと――

橘孝三郎の文化村は、昭和の現実に向き合うことになったのだが、それは図らずも合法と非合法からの接触によって歴史の年譜の中に入り込むことでもあった。

風見章は農業恐慌下での農村救済を橘の理論に託したようでもあった。茨城3区から政界に出ているのだから農村青年の票を固める必要があった。それには橘の理論やその実行力を頼みとする必要があったということであろう。付け加えておけば、風見は昭和10年代に誕生する近衛文麿内閣で書記官長を務めた。いわば近衛側近になる政治家であった。

風見は、橘の愛郷会や愛郷塾づくりに積極的に協力している。橘は風見に勧められて、愛郷塾づくりの趣意書を書き、そのための資金づくりにも風見の助力があった。こうした橘の著述や講演内容は昭和6(1931)年に建設社から一冊の書としてまとめられて刊行されている。この建設社は武者小路実篤の新しき村に関する書も刊行している。橘は自著の冒頭に「風見章氏に捧ぐ」とも書いている。いわば橘には政治的支援を受けての理論実践の道筋も用意されていたのであった。橘の農本主義理論は昭和恐慌を乗り切る処方の意味もあった。

その一方で、国家改造運動の一派も橘に近づいていた。前述のように井上日召らのグループ、それに連携している海軍士官のグループがそうであった。昭和5、6年ごろにはその関係はかなり緊密になった。むろん橘は陸海軍の国家改造運動のグループ、それに民間右翼のグループと連携して非合法活動を進めるわけではなかったが、そうしたグループからは農民の立場を代表する思想家としてみられていて、国家改造運動の支援者、あるいは破壊のあとの建設者と見られていた。

血盟団を構成することになる井上日召は、橘に対して「我々は破壊を行う。あなたは建設の側の人だ」と説得もしている。井上の影響を受けた農民や教師が、「先生、今は決起のときです。農村は国家改造において可能です」と言いにくることも増えた。やがて海軍の青年士官たちが、橘の元を訪れて農本主義について学んでいくこともあった。橘の心中にも少しずつ変化が起こった。昭和6年の後半期の「愛郷」を見ると、「世の中は根底からひっくり返さなければならない。行動へ、行動へ」と檄を飛ばしている。

こうして昭和7(1932)年2月、3月の血盟団事件、5月の五・一五事件が起こる。橘は五・一五事件に門弟を参加させた。彼らは発電所を襲い、「帝都暗黒」を企図していた。「一晩、闇の中で都市が農村を崩壊させている現実を考えさせる」という橘の農本主義に基づいていた。「進歩とは何か」を問うたのであった。大正期の昭和への反乱でもあった。

悠久の歴史の中で時間はとどまることをしない。時代はめぐり、昭和11（1936）年に二・二六事件があり、日本の運命を決する昭和16（1941）年となる。そして本書の冒頭、日米開戦の謀略へと至るのだ。

歴史の闇も一層、私たちの前でその色を濃く深くしていくのである。

おわりに

私のメディア論になるのだが、私の知人、友人の大半は紙媒体に関わって人生を送ってきた。編集者、記者、そして歴史探究の仲間たち、いずれも新聞、週刊誌、月刊誌、単行本に携わりながら、社会的存在を自覚してきた。私にとってこのような友人たちとの語らいは人生の醍醐味の一つであった。この何十年かそうした語らい、付き合いを続ける中で、私は紙媒体に携わる人たちの真面目さ、知識の深さ、さらには正確に社会をみる目に安堵感と信頼を持ってきた。

しかしこの10年ほど前からになろうか、紙媒体が様変わりする予兆を感じるようになった。はっきり言うならば、紙媒体の市場が少しずつ小さく、狭くなっていくような感がしてきたのである。新聞や週刊誌などの発行部数も全体に減っているというのであった。むろんインターネットの普及、さらにはスマホなどの身近な機器でニュースやスポーツ、芸能記事などは紙媒体でなくても十分に見られるようになった。こうした機器に習熟すれば、確かに紙媒体は必要ではなくなる。特に若年層はこれらに素早く反応するだけに、紙媒体の将来は一見暗そうに見えてくる。しかし紙媒体で育った私は、逆な見方をしている。

つまり紙媒体の衰弱はある一定の段階で、止まった状態になるのではないかと予想する。

その理由を主に2つ挙げておこう。1つは、人の記憶は画面で入れ替わるシーンには、なかなか馴染まないということだ。インターネットやスマホは、基本的には映像メディアの範疇に入る。シーンは記憶の持続性に欠けるし、再度読み直すというような手続きが面倒である。読む（見る）、咀嚼する、記憶するという一連の行動は、紙媒体の方にはるかに優位性があると言っても良いであろう。もう1つは、紙媒体は自分たちの判断でニュースの比重を決めて受け手（読者）に提供してきた。一面のトップ記事を見て、なるほどこの新聞社はこれがこの日の最も重要なニュースとして提供しているのだな、と受け止める。読者一人一人がそれをもとに自らのニュースの軽重を考えればいい。

日々の出来事のメリハリをつけるのに、これは大いに参考になる。自らにとって、何が大切かを考える際の尺度にもなる。インターネットやスマホはすべてのニュースが同一次元に存在するが故に、何事も平面的にしか捉えられない受け手を育て上げることにならないだろうか。私は紙媒体の優位性が、ある段階から一挙に見直されると思っている。それ故に紙媒体は自信を持ち、その信じる道を歩むべきだと言いたい。

本書は『日刊ゲンダイ』に連載している「日本史縦横無尽」の中から、いくつか選んで編んだ書である。人々の意識、関心事、教養、欲求などを収めたこの夕刊紙はいわば紙媒体のあり方を示しつつ、商業性を保っている。日々商品として真剣に勝負を挑んでいる。私はその姿勢が紙媒体のひとつの方向を示していると見ている。そこに歴史の史実を書くというのは、とりもなおさず人間のありのままの姿を書くという意味でもある。

その点を汲《く》んで手に取ってもらえれば、とも思う。

企画や日々の執筆には寺田俊治社長との打ち合わせ、元編集委員の森田健司氏との連携で進めてきた。森田氏の後任として平井康嗣《やすし》氏にと担当は移った。それぞれの担当者には、私の健康状態とも関連して、お手数をかけることもあった。改めて3人の諸氏に感謝を伝えたい。そしてこうして単行本にまとめていただいた書籍事業部の石井康夫氏にお礼を言いたい。紙媒体の同志たちの心情に改めて感謝したい。

令和6年　猛暑の中で

保阪正康

【写真提供】

▼カバー写真

東條内閣記念撮影／共同通信社

▼本文中写真

・真珠湾攻撃／ロイター＝共同
・学徒出陣／共同通信社
・玉音放送／共同通信社
・平民社創設／共同通信社
・大久保利通／国立国会図書館所蔵画像／共同通信イメージズ
・板垣退助／共同通信社
・原敬／国立国会図書館所蔵画像／共同通信イメージズ

★本書は2022年6月から2023年12月まで『日刊ゲンダイ』に連載された「日本史縦横無尽」から抜粋した記事に新原稿及び大幅な修正を加え編集したものです。

●保阪正康（ほさか・まさやす）

1939年北海道生まれ。現代史研究家、ノンフィクション作家。同志社大学文学部卒。1972年『死なう団事件』（角川書店）で作家デビュー。2004年個人誌『昭和史講座』の刊行により、第52回菊池寛賞を受賞。2017年、『ナショナリズムの昭和』（幻戯書房）で第30回和辻哲郎文化賞を受賞。膨大な数の証言取材、資料に基づいた近現代史の研究で高い評価を得ている。『昭和の怪物　七つの謎』『近現代史からの警告』（講談社）のほか、『陰謀の日本近現代史』『歴史の定説を破る』（朝日新聞出版）、『歴史が暗転するとき』（日刊現代／講談社）など著書多数。『日刊ゲンダイ』紙上において『日本史縦横無尽』を連載中

戦争《せんそう》という魔性《ましょう》 歴史《れきし》が暗転《あんてん》するとき

2024年9月25日　第1刷発行

著者　保阪《ほさか》 正康《まさやす》

発行者　寺田俊治

発行所　株式会社 日刊現代
東京都中央区新川1-3-17　新川三幸ビル
郵便番号　104-8007
電話　03-5244-9620

発売所　株式会社 講談社
東京都文京区音羽2-12-21
郵便番号　112-8001
電話　03-5395-3606

印刷所／製本所　中央精版印刷株式会社
表紙・本文デザイン／スタジオ・ソラリス
DTP／キャップス

ISBN978-4-06-536976-0